루돌프 슈타이너

괴테 세계관의 인식론적 기초
특별히 실러와의 관계를 참작하며

퀴르슈너 편《독일국민문학》에 수록된 괴테 자연과학 저작의 부록
1886년

괴테 세계관의
인식론적 기초

특별히 실러와의 관계를 참작하며

퀴르슈너 편 《독일국민문학》에 수록된 괴테 자연과학 저작의 부록
1886년

루돌프 슈타이너

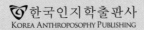
한국인지학출판사
KOREA ANTHROPOSOPHY PUBLISHING

Rudolf Steiner
Grundlinien einer Erkenntnistheorie der Goetheschen Weltanschauung, GA 2

루돌프 슈타이너 전집 | 인지학 4

괴테 세계관의 인식론적 기초
특별히 실러와의 관계를 참작하며

원표제: Rudolf Steiner, Grundlinien einer Erkenntnistheorie der Goetheschen Weltanschauung
독일어 원작(루돌프 슈타이너 전집 2)을 한국어로 번역함

1판 1쇄 인쇄 2019년 4월 25일
1판 1쇄 발행 2019년 4월 30일

지은이 | 루돌프 슈타이너
옮긴이 | 박지용

발행인 | 이정희
발행처 | 한국인지학출판사 www.steinercenter.org
주소 | 04090 서울특별시 마포구 독막로 230 우리빌딩 2층 · 6층
전화 | 02-832-0523
팩스 | 02-832-0526

기획제작 | 씽크스마트 02-323-5609
북디자인 | 김다은

ISBN 979-11-960888-9-7(03160)

이 책은 한국인지학출판사가 스위스 도르나흐 소재 "루돌프 슈타이너 유고관리기구Rudolf Steiner-Nachlaßverwaltung"
의 허락을 받아 1999년 강연록 대조 4차 개정판을 텍스트로 하여 번역, 출간한 것입니다.
이 책의 내용, 디자인, 이미지, 사진, 편집 구성 등을 전체 또는 일부분이라도 사용할 때에는 발행처의 서면으로 된 동의서
가 필요합니다.

사단법인 한국슈타이너인지학센터, 인지학 출판프로젝트 2025, 파팔라 코리아, 그리고 권영완 이진우님의 특별 후원으로
제작되었습니다.

후원계좌 | 신한은행 100-031-710055 인지학출판사

일러두기

- 외국어의 한글 표기는 국립국어원의 외래어표기법을 기본으로 하였습니다. 다만 인명, 지명 등에서 실제 발음과 지나치게 다른 몇몇 경우는 외래어표기법을 따르지 않았음을 양해하여 주시기 바랍니다.

- 독일어 병기는 1996년 개정 독일어 표기법을 따랐습니다.

- 한국슈타이너인지학센터와 루돌프 슈타이너 전집발간위원회는 슈타이너 저작의 용어 번역이 인지학 연구의 중요한 기초임을 충분히 인식하는 가운데 지금까지 노력해 왔습니다. 칸트 철학의 인식론에 대한 비판적 분석을 바탕으로 하는 이 초기 저작의 번역에서는 몇몇 개념이 철학에서 일반적으로 쓰이는 용어로 옮겨졌습니다. "Vorstellung"이 일률적으로 "표상"으로 번역된 것이 그 예입니다. 앞으로도 전집발간위원회가 주최하는 텍스트와 용어 관련 세미나에 독자 제위의 적극적인 참여와 조언을 기다립니다.

차례

재판 서문(1924년)

이 괴테 세계관의 인식론은 내가 지난 세기의 80년대 중반에 저술한 것이다. 당시 내 영혼 안에는 두 가지 사상적 활동이 자리하고 있었다. 하나는 괴테의 저작들에 관한 것으로, 나는 그 저작들 속에서 추동력으로 드러나는 세계관과 인생관의 윤곽을 그려내고자 노력했다. 내가 보기에는 괴테가 창조하고 관찰하고 살아가면서 세계에 제시한 모든 것을 지배하는 것은 전인적이고도 순수히 인간적인 것이었다. 현대에 들어 세계와의 관계에서 내적인 확실성과 조화로운 완결성 그리고 현실감각을 괴테보다 더 잘 드러낸 경우는 내가 보기에 없었다. 이렇게 생각하면, 괴테가 인식에서 취했던 방법이 인간과 세계의 본질로부터 산출된 것임은 인정될 수밖에 없었다. 다른 한편, 나의 사상은 당대 현존했던 인식의 본질에 관한 철학적인 견해들 속에서 숨 쉬고 있었다. 그러한 철학적인 견해들에서는 인식 활동이 인간 자신의 본질에 갇힐 위험이 있었다. 재기 넘치는 철

8

학자인 오토 리프만Otto Liebmann은 "인간의 의식은 자기 자신을 뛰어넘을 수 없다. 의식은 자기 내에 머물러 있을 수밖에 없다. 자기 자신 안에 세계를 만들어 놓는 의식은 그런 세계 너머에 어떤 진정한 현실이 있는지 전혀 알 수 없다."라는 명제를 남겼다. 오토 리프만은 뛰어난 저술들을 통해 자신의 이런 생각을 인간의 경험세계의 다양한 영역에 적용했다. 요한네스 폴켈트Johannes Volkelt는《경험과 사유》,《칸트의 인식론》이라는 심오한 저작을 남겼다. 폴켈트는 인간에게 주어진 세계 안에서 표상들의 연관성만을 보았는데, 그것은 인간과 인간이 모르는 세계의 관계 속에서 형성되는 표상들의 연관성이었다. 그는 사유가 표상의 세계로 진입할 경우 사유 체험 속에서 어떤 필연성이 드러난다는 점을 인정하기는 했다. 사유가 활동하면, 우리는 표상의 세계를 꿰뚫고 현실 안으로 들어가는 듯한 느낌을 얻는다는 것이 그의 생각이다. 그러나 그런 느낌을 받아서 우리가 얻은 것은 무엇일까? 그런 느낌으로 인해 우리는 현실적인 세계에 관해 무엇인가를 말해주는 판단을 사유하는 가운데 내려도 된다는 생각이 들기도 한다. 그러나 그러한 판단들을 내릴 때 우리는 온전히 인간 내면에 있다. 그리고 세계의 본질로부터는 그 어떤 것도 인간 내면으로 뚫고 들어오지 않는다.

에두아르트 폰 하르트만Eduard von Hartmann의 철학은 내가 그 철학적 토대와 성과를 인정할 수 없음에도 불구하고 내게 대단히 가치있는 것이었는데, 인식론적인 물음에서 그는 나중에 폴켈트가 상세하게 제시했던 관점과 완전히 같은 입장이었다.

인간의 인식은 참된 현실의 영역 안으로 진입해 들어갈 수 없는 어떤 한계에 부딪히게 된다는 고백은 어디에나 있었다.

그런 모든 고백과는 달리, 나의 경우에는 내적으로 체험되고 그 체험 속에서 인식된 분명한 사실이 있었다. 그 사실이란, 충분하게 깊이 사유할 경우 인간은 자신의 사유를 통해 정신이 현실인 세계 안에서 살게 된다는 점이다. 나는 수학적인 인식에서 나타나는 것과 같은 내적인 명료함을 가진 그런 의식이 자리할 수 있을 것이라고 잘못 생각했다.

나의 이런 인식 앞에서는, 앞서 말한 사유 방향을 설정해야 한다고 믿는 그런 인식의 한계가 있다고 생각하는 견해는 유지될 수 없다.

나의 이런 사고에 영향을 미친 것은 그 당시 유행하던 진화론에 경도된 사상적 경향이었다. 진화론에 구체적인 형태를 부여한 사람은 해켈Haeckel이었는데, 그 형태에는 정신의 자립적인 존재와 작용이 전혀 고려되지 않았다. 나중에 오는 완전한 것은 시간의 경과에서 보자면 이전의 진화되지 못한 것에서 나올 수밖에 없다는 것이었다. 이런 생각은 외부의 감각적인 현실에 관해서는 나를 일깨우는 점이 있었다. 하지만 외부의 감각적인 현상계만을 인정하기에는 나는 감각적인 것으로부터 독립된, 스스로 확정되고 자립적인 정신성을 너무나 잘 인지하고 있었다. 그러나 이제 필요한 것은 이 현실 세계와 정신 세계를 잇는 다리를 놓는 일이었다. 시간의 흐름을 감각적으로만 생각하면, 인간의 정신적인 것은 마치 그 이전의 비정신적인 것에서부터 진화되어 온 것처럼 보인다.

그러나 감각적인 것을 제대로 인식하면, 그것이 정신적인 것의 존재를 드러내고 있음을 도처에서 볼 수 있다. 감각적인 것의 올바른 인식으로부터 내가 분명하게 알게 된 것은, 당시에 당연한 것으로 여기던 "인식의 한계"를 인정하는 사람들이 이 감각적인 것을 생각하는 자세였다. 종이에 인쇄된 글을 보면서 그 글을 읽지 않고 시선을 각 철자의 형태에만 집중하고는 그 형태에 숨겨진 것이 무엇인지 모르겠다고 말하는 것이 그들의 자세였다.

그렇게 해서 나의 시야는 감각적인 관찰의 과정에서 정신적인 것을 향하게 되었고, 이 정신적인 것은 나의 내적인 인식 체험 속에 확고하게 자리잡았다. 나는 감각적인 현상들 배후에 있는 비정신적인 원자의 세계를 추구하는 대신에, 인간 내면에서만 드러나는 것 같지만 사실은 감각적 사물과 감각적인 과정 자체에 속하는 정신적인 것을 추구했다. 현실에서는 사물에 대한 관념이 사물 안에 있음에도 불구하고, 인간의 인식 태도로 말미암아 사물에 대한 관념이 인간 내부에 존재한다는 인상이 만들어진다. 인간은 피상적인 체험에서는 어쩔 수 없이 사물들로부터 관념을 분리하지만, 참된 인식 체험에서는 그 관념이 사물에 있는 것으로 확인한다.

그렇다면 우리는 세계의 진화를 다음과 같이 이해할 수 있다. 즉, 정신에 선행하는 비정신적인 것의 곁과 외부에는 정신적인 어떤 것이 있고, 그 비정신적인 것으로부터 나중에 정신이 펼쳐지게 된다고 말이다. 정신이 스며든 감각세계 안에 인간은 나중에 출현하는데, 인간의 원초적 정신이 불완전한 비정신적 형태들과 합일하여 이 형태들을 변형시키고는 감각적인 형태 안에 나타나는 과정을 통해, 정신이 스며든 이 감각세계가 등장하는 것이다.

관념의 이런 행보들이 나로 하여금 당대의 인식론자들을 넘어서게 이끌었다. 나는 그럼에도 그들의 통찰력과 학문적인 책임감을 인정하는 바였다. 관념의 행보는 또한 나를 괴테로 이끌었다.

오늘 나는 그 당시 내가 겪었던 내적인 고군분투를 떠올릴 수밖에 없다. 나로서는 당대 철학의 사상적 과정을 넘어서는 것이 그리 쉬운 일은 아니었다. 그러나 인간이 신체에 얽매이지 않는 정신으로서 온전히 정신적인 세계에 서서 자신을 내적으로 바라볼 수 있다는 사실에 대한 자발적인 인정이 언제나 나를 이끄는 별이었다.

괴테의 자연과학적 저술들에 관한 작업 이전에, 그리고 괴테 인식론에 관한 이 글을 쓰기 전에, 나는 원자론에 관한 짧은 논문을 쓴 적이 있으나 출간되지는 않았다. 그 논문은 앞에서 언급한 사상적 방향으로 쓰여진 것이었다. 나는 그 논문을 프리드리히 테오도르 피셔Friedrich Theodor Vischer에게 보냈는데, 그에게서 받은 몇 줄짜리 동조의 글에 내가 얼마나 기뻐했는지 기억에 생생하다.

그러나 이제 나의 괴테 연구에서 분명해진 것은, 어떻게 해서 나의 사고가 괴테의 저작들과 세계관 도처에 등장하는 인식의 본질을 통찰하도록 인도되었는가 하는 점이다. 나는 나의 관점이 괴테 세계관의 인식론과 동일한 인식론으로 이어졌음을 알게 되었다.

1880년대에 나는 고마운 스승이자 아버지같은 친구인 카를 율리우스 슈뢰어Karl Julius Schröer의 권고로 퀴르슈너의 《독일국민문학》

에 실릴 괴테의 자연과학 저술에 서론을 쓰고 출간하는 일을 하게
되었다. 이 작업에서 나는 괴테가 손을 댄 모든 영역에 걸쳐 그가 거
쳐간 인식의 궤적을 추적했다. 이를 통해 나는 내 견해가 괴테 세계
관의 인식론으로 인도되었다는 사실을 점점 더 구체적이고 분명히
알게 되었다. 내가 위에서 언급한 작업을 하는 동안에 이 인식론을
쓰게 된 것도 그 때문이었다.

오늘 다시금 괴테의 인식론을 앞에 두고 보니, 이 인식론이 이후
에 내가 말하고 출간했던 모든 것의 인식론적인 토대와 해명이기도
했다는 사실을 알게 된다. 이 인식론은 감각의 세계로부터 정신의
세계로 진입하는 길을 열어주는 인식의 본질을 이야기한다.

거의 40년 전에 쓴 나의 청년기 저작이 지금에 와서 다시 수정
도 되지 않은 채 주석을 추가하는 것만으로 확장되어 출간된다는 것
이 조금은 기이하게 보일 수도 있다. 이 저작의 서술 방식은 40년 전
의 철학에서 이루어졌던 사유의 특징을 담고 있다. 내가 오늘 이 책
을 다시 쓴다면 많은 것들을 다르게 기술할 것이다. 그러나 나는 인
식의 본질을 그때와 달리 제시할 수는 없을 것이다. 내가 오늘 달리
쓰게 될 것들이 내가 내세운 정신에 관한 세계관의 *맹아*들을 제대
로 담을 수 있지는 않을 것이다. 인식 편력의 초기가 아니면 사상의
맹아를 서술할 수 없으니 말이다. 이 청년기 저작이 수정 없는 형식
으로 다시 출간되어도 좋은 이유가 바로 그것이다. 이 책을 쓸 당시
에 인식론들에 이미 있던 것들은 그 이후의 인식론들에서 연속된 내
용으로 나타난다. 이에 관해서 내가 언급해야 할 것은 나의 책《철학

의 수수께끼》에 실려 있다. 이 책도 새로운 판본으로 같은 출판사에서 동시에 출간된다. 예전에 이 작은 책에서 개략적으로 서술한 괴테 세계관의 인식론은 40년 전만큼이나 오늘도 언급할 필요가 있어 보인다는 것이 나의 생각이다.

바젤 근교 도르나흐의 괴테아눔에서
1923년 11월
루돌프 슈타이너

초판 서문(1886년)

퀴르슈너 교수로부터 《독일국민문학》(Deutsche National-Literatur)을 위한 괴테 자연과학 저술의 출간이라는 영예로운 일을 위임받았을 때, 나는 그 일에서 부딪히게 될 어려움을 잘 알고 있었다. 나는 대부분의 사람들이 가진 견해에 맞서야만 했다.

괴테의 *시문학*이 우리의 모든 교양에서 토대가 된다는 확신이 점점 널리 퍼지고는 있었지만, 자신의 *학문적인 탐구*를 가장 폭넓게 인정받는 사람들조차 괴테의 시문학에서 훗날 학문의 발달과 더불어 완전히 인정받게 된 진리를 두고도 그런 진리의 *예감* 말고는 아무것도 인정하려 하지 않았다. 시문학에서 괴테가 천재적인 안목으로 알아낼 수 있었던 자연의 법칙들은 훗날 괴테와는 아무런 연관이 없는 엄밀한 과학에서 다시 발견되었다. 괴테의 다른 활동 가운데 교양인이라면 누구나 알아야 한다고 완전히 인정하는 것도, 사람들은 자신의 학문적인 견해 때문에 거부하기도 한다. 사람들은 그가 없었다면 오늘날의 과학이 제공하지 못했을 모종의 성과를 이 시인의 학술적인 저작들을 다룸으로써 얻을 수도 있으리라는 사실을 전혀 인정하려 들지 않는다.

사랑하는 스승 *슈뢰어*를 통해 내가 괴테의 세계관으로 인도되기 전에, 내 생각은 이미 특정한 방향을 취하고 있었는데, 그 사고 방향은 나로 하여금 시인의 한갓 개별적인 발견들을 넘어서는 핵심적인 사안에 집중하는 것을 가능하게 했다. 핵심적인 사안이란, 괴테가 어떻게 그런 개별 사실들을 자신의 자연 이해 전체에 끼워 넣었는가, 또 모든 자연물 사이의 연관관계를 통찰할 수 있기 위해, 혹은 괴테 스스로가 (〈직관하는 판단력〉이라는 논문에서) 적확하게 표현했듯이, 자연의 산물들에 정신적으로 참여하기 위해, 개별 사실들을 어떻게 활용했는가, 하는 방법의 문제였다. 그렇게 핵심적인 사안으로 시선을 돌리자, 나는 곧 오늘날의 과학이 인정하고 있는 괴테의 업적들이란 핵심적인 것이 아니라는 사실, 그리고 의미 있는 업적은 오히려 간과되고 있다는 사실을 알아차렸다. 괴테의 개별적인 발견들은 사실 그가 아니었어도 이루어졌을 것이다. 하지만 괴테로부터 직접 얻어내지 않는다면 과학은 그의 위대한 자연 이해를 모를 것이다. 이런 사실이 괴테 저작을 위해 내가 쓰는 서문의 방향을 결정지었다. 서문들은 괴테가 언급한 개별적인 견해가 괴테의 천재성에서 나온 것임을 보여주어야 할 것이었다.

이를 가능하도록 하려면 따라야 할 원칙들을 밝히는 것이 이 짧은 저작의 목표다. 이 저작은 우리가 괴테의 학문적인 통찰이라고 여기는 것이 자체적인 근거도 갖추고 있음을 보여줄 것이다.

　이로써 나는 이 연구 논문에서 앞서 밝혀둘 필요가 있어 보이는 모든 것을 말한 것 같다. 퀴르슈너 교수는 나의 학문적인 노력들을 항상 기꺼이 수용하면서 특별히 편안한 방식으로 대했고, 또한 친절하게도 이 저작을 위해 연구기금을 제공했다. 퀴르슈너 교수에게 나의 가장 깊은 감사의 마음을 전하는 기꺼운 의무를 수행하는 것이 나의 도리라고 믿는다.

1886년 4월말
루돌프 슈타이너

A

선결문제들

1. 출발점

우리가 오늘날의 정신적인 삶의 주요 흐름 가운데 한 갈래를 거슬러 올라가 그 원천에 이르면, 항상 고전주의 시대의 정신적 인물 중 하나를 만나게 된다. 이러저러한 정신적인 운동은 괴테나 실러, 헤르더나 레싱 같은 인물에게서 자극을 받아 시작되어 오늘날까지 이어지고 있다. 독일의 모든 교양이 고전주의 시대의 인물에 그 바탕을 두고 있는 정도는 대단히 심해서, 오늘날 완전히 창의적이라고 여겨지는 인물 가운데 많은 이는 기실 괴테나 실러가 오래 전에 운을 뗀 것을 표현한 것 이상의 성과를 내지 못했다. 우리는 고전주의 시대의 인물들이 창조한 세계에 너무나 익숙해진 채 살고 있어서, 고전주의 시대의 사상가들이 만든 틀에서 벗어나려는 사람을 거의 이해하지 못한다. 세계와 인생을 통찰하는 우리의 방식을 정한 것도 그들이어서, 그 안에서 이 세계와의 접점을 추구하지 않는 이는 누구라도 우리의 공감을 얻지 못한다.

다만 우리의 정신 문화 중 *하나의 지류*에 대해서만은 그것이 아직 그런 접점을 찾지 못한 것이라고 인정해야 할 것이다. 이 지류는 어느 학문 분야인데, 그것은 세계와 삶의 총체적 모습에 관해 만족스러운 통찰을 제공하기 위해 관찰 결과의 단순한 취합과 개별 경험의 단순한 인지를 넘어서려 한다. 우리는 이 학문을 보통 철학이라고 부른다. 철학을 생각하면, 우리의 고전주의 시기가 전혀 존재하지 않는 것처럼 보인다. 철학은 억지로 만든 폐쇄성으로 자신을 여타의 정신적 삶으로부터 고상하게 고립시킴으로써 만족을 얻는다. 이 말을 반박하려고 이전이나 오늘날의 철학자와 자연 연구자 중 상당수가 괴테와 실러의 사상을 다루었다고 주장해도 소용없는 일이다. 왜냐하면 그런 철학자와 자연 연구자들은 저 정신의 영웅들이 이루어 낸 학문적인 업적 속에 들어 있던 맹아를 발전시키는 방식으로 자신들의 학문적 견해를 얻어낸 것이 아니기 때문이다. 그들은 실러와 괴테가 내세운 세계관과는 *상관없이* 자신들의 학문적 견해를 획득하여 *나중에* 괴테와 실러의 세계관과 비교했을 따름이다. 그 비교 작업조차도 고전주의 사상가들의 학문적인 견해로부터 어떤 방향을 *얻기* 위해서가 아니라 고전주의 사상가들의 견해와 자신들의 고유한 방향이 공존할 수 있는지를 시험하기 위해서였다. 이 부분에 대해서는 나중에 좀 더 상세하게 살펴볼 것이다. 다만 근대문화의 최전성기에 대한 이런 태도가 여기서 고찰하려는 학문 영역에 끼친 영향을 먼저 언급하려 한다.

오늘날 지식인 독자 가운데 상당수는 문학적이고 학문적인 저술 가운데 철학에 관한 것이라면 읽지도 않고 즉시 밀쳐내는 것이 현실이다. 철학의 인기가 이 시대보다 더 빈약했던 적은 없다. 인생이나 세계의 문제 가운데 가장 많은 사람들이 관심을 가질 만한 문제를 다루어 폭넓은 독자층을 확보한 쇼펜하우어와 에두아르트 폰 하르트만의 저작들을 제외하면, 사람들이 "요즘 철학책은 그저 철학 전문가들만 읽는 거야"라고 말한다고 해도 과장된 이야기가 아니다. 철학 전문가들 말고는 그 누구도 철학에 신경 쓰지 않는다. 전문가가 아닌 지식인은 뭐라 말할 수 없는 감정을 갖게 된다. "이 저작에는 나의 정신적인 요구를 채워줄 어떤 것도 없어. 저 책에서 다루는 것들은 나와는 아무런 상관이 없어. 그것들은 나의 정신적 만족을 위해 반드시 있어야 할 것과는 아무런 관계가 없어."주석 1 이렇게 묘사된 상황만이 모든 철학에 관심이 적어진 상황에 책임이 있다. 왜냐하면 저 무관심의 반대편에는 만족할만한 세계관과 인생관을 향해서 계속 커져가는 욕구가 자리하기 때문이다. 오랜 세월 철학의 완전한 대체물은 종교였지만, 종교적인 교의들은 점점 설득력을 잃어가고 있다. 한때 *계시종교*를 통해 얻었던 *정신의 만족*을 사고 작업을 통해서 얻어야 한다는 압력은 점점 더 강해지고 있다. 여기서 고찰하고자 하는 학문 영역이 진정으로 전체 문화 발달과 손을 잡고 나간다면, 그리고 그 분야의 전문가들이 인류를 움직이는 큰 문제들에 대해 입장을 밝힌다면, 지식인들은 기꺼이 동참할 수도 있다.

이 경우 우리가 시야에서 놓치지 말아야 할 것은, 먼저 인위적으로 정신적인 욕구를 만들어내는 것이 중요한 것은 결코 아니라는 점이다. 유일하게 중요한 것은 현존하는 욕구를 탐색하여 만족시키는 것이다. 학문의 과제는 물음을 던지는 것이 아니라 인간 본성과 각 문명 단계에 의해 제기되는 물음을 세심하게 관찰하여 그에 답하는 *것*

*이다.*주석 2 현대의 우리 철학자들은 우리가 발 딛고 있는 문명 단계로부터 자연스럽게 흘러나오지도 않은 물음들을 과제로 삼고 있으며, 그 바람에 사람들은 철학자들에게 전혀 답변을 구하지도 않는다. 그 학문 분야는 우리의 고전 사상가들이 격상시킨 수준 덕분에 우리의 교양이 던져야 할 물음을 진지하게 고려하지 않는다. *"그리하여 우리에게 그 학문은 아무도 찾지 않는 학문이며, 그 학문에 대한 욕구는 누구도 만족시키지 않는다."*

우리에게 가장 중요한 학문, 즉 세계의 본질적인 비밀을 우리에게 밝혀주어야 할 학문은 정신 작용의 다른 모든 지류에 관해서 어떠한 예외도 허용해서는 안 된다. 그 학문은 최신 학문들이 발견한 원천에서 자신의 원천을 찾도록 해야 한다. 그 학문은 우리의 고전주의 대가들의 사상에 맞서기도 해야 하지만, 그들의 사상에서 자신의 학문적 발전을 위한 맹아를 찾아내야 한다. 우리 문화의 다른 분야를 채운 숨결이 그 학문 안에도 불어넣어져야 한다. 이는 그 학문을 위해서 본질적으로 꼭 일어나야 할 일이다. 앞서 이미 언급했던, 오늘날의 연구자들과 고전주의 사상 사이의 충돌에 원인을 제공한 것도 바로 그 학문이었다. 그런데 사실 이 충돌은 사람들이 고전주의 정신적 대가들의 사상을 건너뛰고 바로 본론으로 들어가서는 안 된다는 막연한 느낌을 가지고 있다는 사실을 보여줄 따름이다. 이 충돌에서 드러나는 또 한 가지 사실은, 그런 충돌이 오늘날 연구자들의 관점을 진정한 발전으로 이끌지 못했다는 것이다. 이런 사실은 사람들이 레싱, 헤르더, 괴테, 실러에 접근했던 방법을 보아도 알 수 있는 일이다. 이 접근에 속하는 많은 저작들이 탁월함에도 불구하고 언급해야 할 것은, 무엇보다 괴테와 실러의 학문적인 성과에 관해 저술된 거의 모든 저작들은 그 사상가들이 통찰한 내용으로부터 유기적으로 형성되어 나온 것이 아니라 그것에서 단절된 사후의 관찰로 이루어졌다는 사실이다. 무엇보다 이 사실을 확실하게 보여주는 것은, 서로 극단적으로 대립하는 학문적인 방향들이 자신의 견해를 "예견한" 정신을 괴테 안에서 발견했다는 사실이다. 서로 어떤 공통점도 갖지 않는 이 서로 대립하는 세계관들은 시대를 초월해서 자신의 견해를 인정받으려 할 때면 당연하다는 듯이 괴테를 끌어들인다. 이러한 대립은 무엇보다 헤겔과 쇼펜하우어의 이론에서 가장 첨예하게 나타난다. 쇼펜하우어는 헤겔을 협잡꾼이라고 부르고, 헤겔의 철학을 천박한 말의 잡동사니, 그저 허튼소리, 야만적인 단어 조합이라고 비난한다. 본래 아무런 공통점도 갖지 않으면서도 두 사람 모두 괴테를 향한 무한한 숭배를 공유하며, 서로 괴테가 자기 세계관을 인정했다고 믿는다.

최근의 새로운 학문적 방향에서도 사정은 다르지 않다. 엄격한 일관성을 갖추고 천재적인 방식으로 다윈주의를 확장시킨 *해켈*은 우리가 가장 중요한 영국 출신 연구자(다윈)의 추종자로 여길 수밖에 없는 사람이다. 그런 해켈이 괴테의 통찰을 자기 사상의 원천이라고 보는 것이다. 현대의 또 다른 자연 연구자인 *예센*C. F. W. Jessen은 다윈 이론에 관해서 다음과 같이 쓰고 있다. "이미 이전에 제시된 이론이며 치밀한 연구에 의해서 몇 번이나 반박된 이론, 그러나 지금은 많은 가짜 근거로 지지자를 유지하는 이 이론이 적지 않은 전문 연구자와 수많은 비전문가의 눈길을 끌고 있다는 사실은, 아쉽게도 자연 연구의 결과들을 알거나 이해하는 사람이 얼마나 적은지 보여준다." 이 학자는 괴테에 관해서 이렇게 언급한다. "(괴테는) 생명 없는 자연에서나 생명 있는 자연에서 방대한 탐구를 해냈는데, (그것은 괴테가) 자연을 감각적이고도 심도 있게 관찰하여 모든 식물 형성의 근본 법칙을 발견했기 때문이다." 여기서 거명한 두 연구자는 제각기 자신의 학문적인 방향이 "괴테의 감각적인 관찰들"과 일치한다며 실로 어마어마한 수의 증거를 제시한다. 그럼에도 이 자연 연구자들이 괴테의 사유를 끌어들여 자신들의 견해를 입증하려 든다면, 괴테 사유의 총체적인 성격 자체가 의문에 부쳐지는 일이 벌어지고야 말 것이다. 그렇게 되는 이유는, 그들의 견해 가운데 그 어떤 것도 실제로 괴테의 세계관으로부터 싹튼 것이 아니며 괴테의 세계관과 무관한 것에 자신의 뿌리를 두고 있기 때문이다. 그들의 뿌리가 그런 이유는, 괴테의 총체적 사유로부터 떨어져 나와 그 의미를 상실한 몇몇 개별적인 것들과의 외면적인 일치라는 것을 근거로 내세우면서도 실제로는 그 총체적 사유의 *내적 견고함*은 인정하지도 않는 상태에서 학문적 방향의 기초를 세우려 하기 때문이다. 그들에게 괴테의 견해는 결코 학문적인 탐구의 출발점이 아니었고, 다만 *비교 대상*일 뿐이었다. 괴테에 몰두했던 사람 중에 소수만이 다른 목적 없이 괴테의 이념에 헌신한 후학이었을 뿐, 대다수는 괴테를 심판하려 들었던 *비판가*들이었다.

사람들은 괴테가 학문적인 감각을 거의 갖지 못했다고도 말한다. 심지어 괴테는 시인으로서 훌륭했던 그 만큼이나 철학자로서 형편 없었다고들 한다. 그런 까닭에 괴테의 사상을 기초로 삼아 학문적인 관점을 수립하기는 불가능할 것이라고 말한다. 이 모든 이야기는 괴테의 본성을 완전히 잘못 이해하는 바람에 나온 평가다. 물론 괴테는 일상적인 의미의 철학자는 아니었다. 그러나 실러가 괴테의 인격이 이룬 경이로운 조화를 다음과 같이 표현한 것을 잊어서는 안 된다. "시인은 *유일하게 참된 인간이다.*" 여기서 실러가 말한 "참된 인간"은 괴테였다. 괴테의 인격에는 보편적인 인간상이 보여줄 수 있는 최상의 특징들 가운데 어떤 것도 결여되어 있지 않았다. 게다가 이 모든 특징들이 괴테 안에서 온전한 합일을 이루어 일관되게 움직였다. *그리하여,* 비록 철학적인 의미가 특정한 학문적 명제의 형식으로 괴테의 의식 안으로 들어오지는 않았지만, 자연에 대한 그의 견해들은 *깊은 철학적 의미*를 바탕으로 하고 있었다. 철학적인 소양을 갖춘 사람이 괴테 사상의 총체성을 깊이 이해했다면, 그는 괴테 사상의 토대가 된 철학적 의미를 분리해내어 그것을 괴테의 학문에 연관시켜 설명할 수 있을 것이다. 그러려면 그는 괴테를 출발점으로 삼아야 하지만, 동시에 자신만의 고정된 견해를 도구로 삼아 괴테에 접근하지 말아야 한다. 비록 괴테가 철학의 체계적인 전체상을 남기지는 못했지만, 괴테의 여러 정신적인 힘들은 가장 엄밀한 철학에 적합한 방식으로 언제나 효력을 발휘한다.

괴테의 세계관은 사람이 생각할 수 있는 가장 다채로운 세계관이다. 괴테의 세계관은 시인의 통일적인 본성 안에 있는 중심으로부터 출발하며, 고찰된 대상의 본성에 상응하는 측면을 드러내 보여준다. 정신의 힘들이 그 활동에서 보이는 통일성은 괴테의 본성에 근거한다. 이 활동이 그때그때 드러나는 방식은 관련된 대상에 의해 정해진다. 괴테는 외부 세계로부터 고찰 방식을 끌어낼 뿐, 외부 세계에 그 방식을 강요하지 않는다. 그런데 많은 사람들의 사유는 특정한 *하나의* 방식으로만 작용한다. 따라서 그것은 같은 유類에 속하는 대상들에 대해서만 유용하다. 그런 사고는 괴테의 사고처럼 통일적*einheitlich*이지 않고 단형적인*einförmig* 것이다. 좀 더 정확하게 표현하면 다음과 같다. 무엇보다 순수 기계적인 의존성과 작용을 사고하는 데 적합한 지성을 가진 사람들이 있다. 그들은 전체 우주를 하나의 기계로 표상한다. 또 어떤 사람들은 비밀로 가득한 외부 세계 도처에서 비밀스럽고 신비로운 요소를 지각하려는 충동을 느낀다. 그런 사람들은 신비주의의 추종자가 된다. 한 종류의 객체들에 대해서만 온전한 효력을 갖는 사고방식을 보편적인 것이라고 여기는 데서 모든 오류가 생겨난다. 그런 식으로 수많은 세계관들 사이의 충돌이 일어난다. 그런데 이런 일면적인 사고를, 결코 관찰자의 정신이 아니라 관찰 대상의 본성에서 관찰 방식을 이끌어내기에 일면적으로 제한되지 않는 괴테의 사고에 견주어 보면, 그 일면적인 사고란 그런 사고에 상응하는 요소들을 벗어나지 못한다는 사실이 확실히 드러난다. 그런 의미에서 괴테의 세계관은 많은 사유 방향을 포괄하며, 그 어떤 일면적인 사고도 괴테의 세계관을 꿰뚫고 들어올 수 없다는 것이다.

괴테의 천재성을 이루는 유기적인 전체에서 본질적인 요소가 되는 철학적인 의미는 괴테의 시문학에서도 마찬가지로 중요하다. 실러가 능히 해낼 수 있었던 것과는 달리 괴테는 철학적인 의미가 자신에게 전하는 바를 개념적으로 분명한 형식 속에서 제시하는 일에 관심을 두지 않기는 했지만, 실러의 경우와 마찬가지로 그에게도 철학적 의미가 전하는 것은 예술적 창조에서 영향을 미친 하나의 요소에 속하긴 했다. 괴테와 실러의 문학적 창작물들은 작품 배후에 있는 그들의 세계관을 빼놓고는 생각할 수 없다. 실러의 경우에는 한껏 완성된 자신의 근본 명제들이 더 중요했고 괴테에게는 자신의 통찰 방식이 더 중요했다는 차이가 있다. 어쨌든 독일 민족의 가장 위대한 두 시인이 창작의 정점에서도 철학적인 요소를 빼놓을 수 없었다는 사실은, 다른 무엇보다도 철학이라는 요소가 인류의 발전사에서 필수적인 부분임을 여실히 보여준다. 우리가 괴테와 실러의 예를 따른다면 이 핵심적인 학문을 고독한 강단에서 해방시켜 바깥의 모든 문화 발전에 참여토록 하게 될 것이다. 고전주의 사상가들이 지닌 학문적인 견해들은 수천 가지 실타래로 그들의 다른 창작 활동과 결부되어 있으며, 그들의 학문적 견해는 그로써 창조된 문화 시기가 그들에게 요구한 것이기도 하다.

2. 실러의 방법론에 따른 괴테의 학문

지금까지의 논의를 통해서 우리는 앞으로의 탐구가 취하게 될 방향을 설정했다. 이 탐구는 괴테에게서 학문적인 의미로서 유효한 것이 무엇이었는지를 확인하는 일, 즉 괴테가 세계를 고찰하는 방식을 해석하는 일이 되어야 할 것이다.

혹자는 이 방식이 누군가의 견해를 학문적으로 밝히는 방식은 아닐 것이라고 반론할 수도 있다. 학문적인 견해는 어떤 경우에도 권위에 근거해서 안 되 항상 원칙들에 입각해야 한다는 것이라면서 말이다. 우리는 이 반론부터 다루고자 한다. 우리가 괴테의 세계 이해에 근거한 견해를 *참된* 것이라고 여기는 것은, 이 견해가 괴테의 세계 이해에서 도출된다는 이유 때문이 아니다. 오히려 우리는 괴테의 세계관이 견고한 근본 명제들의 토대 위에 서 있어서 스스로 토대를 갖춘 것이라고 내세울 수 있다고 믿기 때문이다. 우리가 출발점을 괴테로부터 취한다고 해서, 소위 무전제의 학문(철학)을 내세우는 사람(철학자)들만큼이나 우리도 우리가 내세우는 견해의 근거를 중요하게 여긴다는 사실이 달라질 이유는 없다. *우리는 괴테의 세계관을 대변하지만, 이 괴테의 세계관을 학문이 요구하는 바에 따라서 근거 짓는다.*

실러는 그러한 탐구들이 나아가야 할 길의 방향을 제시했다. 괴테가 가진 천재성의 위대함을 실러만큼 통찰한 사람은 없었다. 괴테에게 보낸 편지에서 실러는 자신의 본질이 투영된 상을 괴테에게 제시했다. 자신의 저작 《인간의 미적 교육에 관한 편지》에서 실러는 예술가의 이상을 도출하는데, 그것은 그가 괴테에게서 알아차린 것이다. 또《소박한 문학과 감상적인 문학에 대하여》라는 논문에서 실러는 괴테의 시문학에서 얻게 된 참된 예술의 본질을 묘사한다. 우리의 작업이 괴테와 *실러의 세계관*을 토대로 구축된 것이라고 주장하기에 마땅한 이유가 바로 그 점이다. 우리의 작업은 실러가 보인 전형에 따라 괴테의 학문적인 사유를 고찰하고자 한다. 괴테의 시각은 자연과 생명에 주목했다. 이에 따라 괴테가 선택한 고찰 방식이 이 논설의 *주제*(내용)이어야 한다. 실러의 시각은 괴테의 정신에 맞추어져 있었다. 그리고 이에 따라 *실러가 선택한 고찰 방식이 우리 방법론의 이상*이 될 것이다.

우리는 괴테와 실러가 추구한 이런 학문적 방식이 현재에도 유익하다고 생각한다. 학문의 영역을 표시하는 일반적인 방식에 따르면 우리의 작업은 *인식론*의 범주에 들어가야 할 것이다. 물론 우리의 인식론이 다루는 물음들은 오늘날의 인식론에서 거의 보편적으로 설정되는 물음과는 여러 면에서 다른 성격을 지닌다. 왜 그런지는 앞에서 이미 살펴보았다. 오늘날 등장하는 유사한 탐구들은 거의 모두 칸트를 출발점으로 삼는다. 사람들이 학문의 세계에서 완전히 간과하고 있는 것이 있다. 그것은 이 위대한 쾨니히스베르크의 사상가(칸트.-역자)가 기초를 놓은 인식론 외에 또 하나의 가능한 인식론의 방향이 있다는 사실이다. 실제로 그 방향은 칸트 인식론의 방향에 비교해도 모자라지 않은 깊이를 갖추고 있다. 오토 리프만은 1860년대에 다음과 같이 발언했다. "만약 우리가 모순되지 않는 세계관에 도달하고자 한다면, 우리는 칸트로 되돌아가야 한다." 이런 생각이야말로 오늘날 우리가 그 양을 거의 알 수 없을 정도로 많은 칸트 문헌을 가지게 된 이유다.

그러나 칸트로 돌아가는 길도 철학이라는 학문을 구하지는 못할 것이다. 칸트로 되돌아가는 대신 괴테와 실러의 학문적인 이해를 깊이 탐구해야만, 철학은 사람들의 문화생활에서 다시금 제 역할을 하게 될 것이다.

그래서 이제 우리는 이 머리말에 상응하는 인식론의 기본 질문들에 다가가려 한다.

3. 학문의 과제

괴테는 최종적으로 모든 학문에 해당하는 사실을 이렇게 말한다. "이론은 우리에게 단지 현상들의 연관관계를 믿게 하는 것 말고는 그 자체로는 아무짝에도 쓸모가 없는 것이다." 우리는 제각기 분리되어 있는 경험 사실들을 학문을 통해서 항상 하나의 연관관계로 꿰어 낸다. 우리는 비유기적인 자연 안에서 서로 떨어져 있는 원인과 결과를 본 뒤, 관련 학문에서 그것들의 연관관계를 찾으려 한다. 우리는 유기적인 세계에서 유기체들의 종과 속을 지각한 후, 그 유기체들의 상호관계를 확인하려고 노력한다. 역사에서 우리는 인류의 개별적인 문명기들을 만난다. 그러면 우리는 하나의 발전 단계와 또 다른 발전 단계 사이의 내적인 의존성을 인식하고자 노력한다. 위에서 언급된 괴테의 명제가 말하고 있듯이, 이처럼 각 학문은 자신만의 특정한 현상 영역 속에서 작용할 수밖에 없다.

모든 학문에는 자신만의 영역이 있으며, 그 영역 안에서 현상들의 연관관계를 찾으려 노력한다. 그렇다면 우리의 학문적인 노력에는 여전히 거대한 대립이 유지되고 있는 셈이다. 즉, 한편에는 학문을 통해 획득된 관념 세계, 다른 한편에는 그 관념 세계의 근저에 놓여 있는 대상들이 있어 서로 대립하는 것이다. 여기서도 대립적인 관계를 밝히는 또 하나의 학문이 있어야 한다. 관념 세계와 실제 세계, 관념과 현실의 대립이 그 학문의 과제다. 이런 대립들도 대립적인 상호관계 속에서 인식되어야 한다.

이러한 관계를 탐구하는 것이 앞으로 서술하는 것의 목적이다. 한편으로 학문의 사실, 그리고 다른 한편으로 자연과 역사가 있는데, 이 양자의 관계를 해명하는 것이다. 외부 세계를 인간 의식 속에 비추는 것은 어떤 의미를 지니는가? 현실의 대상들에 대한 우리의 사유와 현실의 대상들 자체 사이에는 어떤 관계가 있는가?

B

경험

4. 경험이라는 개념의 규명

결국 우리의 사유와 대상이라는 두 영역은 서로 맞서 있고, 사유는 그 대상을 다룬다. 대상이 관찰 가능한 것들인 한, 우리는 그 대상을 경험의 내용이라고 표현한다. 우리가 관찰할 수 있는 영역의 외부에도 사유의 대상이 더 있는지, 그렇다면 그런 대상은 어떤 성질의 것인지 등에 대해서는 일단 언급하지 않고 그대로 두기로 한다. 우리의 다음 과제는 경험과 사유라는 두 영역 사이의 경계를 엄격하게 한정하는 것이다. 우선 우리는 경험을 특정하게 묘사된 그림으로 우리 앞에 두고, 그런 다음 사유의 본성을 탐구해야 한다. 첫 번째 과제에 다가가 보자.

경험이란 무엇인가? 우리는 모두 현실과의 갈등으로 인해 우리의 사유가 활발히 작동하게 된다는 사실을 의식하고 있다. 대상은 시간과 공간 속에서 우리에게 등장한다. 그러면 우리는 다면적으로 분절된, 지극히 다양한 양상인 외부 세계를 지각하고, 정도의 차이는 있지만 풍부하게 펼쳐진 내면세계를 겪어나간다. 우리 앞에 등장하는 모든 것의 최초 형태는 확고하게 우리 앞에 서 있다. 우리는 그 형태의 성립에 전혀 참여하지 않았다. 알 수 없는 피안으로부터 출현한 것인 양, 먼저 우리가 감각적이고 이성적으로 파악할 수 있도록 현실이 스스로를 드러내 보인다. 그러면 우리의 시선은 일단 우리 앞에 등장하는 다양성을 훑어볼 수 있다.

이 최초의 활동은 현실에 대한 감각적인 파악이다. 이 감각적으로 파악되는 현실을 우리는 확실히 붙들어야 한다. 그것만이 순수 경험이라 할 수 있는 것이기 때문이다.주석 3 곧장 우리는 질서를 부여하는 지성을 동원해서 이렇게 형태, 힘, 색채, 소리 등 우리 앞에 드러나는 무한한 다양성을 파악하고자 하는 욕구를 느낀다. 우리는 우리 앞에 드러나는 모든 개별적인 것들 사이의 대립적인 의존성을 해명하고자 노력한다. 만약 어떤 동물이 특정한 지역에 나타날 경우, 우리는 이 지역이 동물의 삶에 미치는 영향이 무엇인지 묻게 된다. 돌이 굴러오는 것을 보면, 우리는 이 현상과 연관되어 있는 다른 현상을 찾게 된다. 그러나 그러한 방식으로 이루어지는 것은 더 이상 순수한 경험이 아니다. 그것은 이미 경험과 사유라는 두 가지 원천으로 이루어진 것이다.

우리가 우리 자신을 현실을 향해 완전히 드러내는 가운데 현실과 마주 설 때 우리에게 나타나는 현실의 형식이 바로 순수한 경험이다.

괴테가 《자연》이라는 논문에서 언급했던 말은 현실의 이 형식에 적용될 수 있다.주석 4 "우리는 자연에 둘러싸여 있고 휘감겨 있다. 우리가 원하지 않아도 생생한 자연은 자기가 추는 순환이라는 춤 안으로 우리를 끌어들인다."

외적 감각의 대상의 경우에는 이 점이 그 누구도 부정할 수 없을 정도로 확연하다. 물체는 우선 다양한 형태, 색깔, 온기와 빛의 인상으로 마치 미지의 원천으로부터 튀어나온 것처럼 갑자기 우리 눈앞에 나타난다.

심리학 이론에 의하면, 우리 앞에 놓여 있는 감각 세계는 그 자체로는 아무것도 아니며, 미지의 분자 세계와 우리 신체 조직의 상호작용이 빚어낸 결과물이다. 그런데 이 이론은 우리의 주장과 모순되지 않는다. 색채, 온기 등은 우리의 신체기관이 외부 세계에 의해서 자극되는 방식과 다름없다는 사실이 실제로 참이라고 하더라도, 외부 세계의 현상이 색채, 온기 등으로 변환되는 과정은 우리 *의식*으로는 전혀 알 수 없다. 그 경우에도 우리의 신체기관은 어떤 역할이든 항상 수행할 것이다. 이미 만들어진 상태로 우리에게 밀어닥치는 현실의 형식(경험)으로 우리의 사유에 주어지는 것은 분자적인 현상이 아니라, 바로 저 색채, 소리 등이다.

그런데 이런 과정은 우리의 내면 활동에서는 그다지 분명하지 않다. 하지만 정확하게 숙고해보면, 외부 세계의 사물과 사실들처럼 우리의 내적인 상태 또한 그런 형식에 담겨 우리 의식의 지평에 등장한다는 것에 대한 모든 불신이 해소될 것이다. 어떤 감정은 빛의 인상이 그러하듯이 나에게 쇄도한다. 내가 그 감정을 나의 고유한 인격과 밀접하게 연결한다는 것은 이 지점에서는 중요하지 않다. 우리가 나아가야 할 단계는 더 있다. 심지어 사유 자체도 우리에게는 먼저 경험의 대상으로 나타난다. 탐구하는 태도로 우리의 사유에 접근한다는 것 자체가, 우리가 사유를 우리 앞에 마주 세우고는 사유의 최초 형태가 미지의 원천에서 온다고 표상함을 의미한다.

이 부분은 달리 이해할 수 있는 것이 아니다. 특히 사람들이 사유의 형식을 우리 의식 안에서 일어나는 개별 인간의 활동으로 파악할 때, 우리의 사유는 관찰, 즉, 외부에서 우리 앞에 있는 것에 시선을 던지는 행위와 동일하다. 이 경우 사유는 먼저 활동의 성격을 유지한다. 만약 사유 앞에 어떤 것이 마주 서 있지 않다면, 그런 사유는 텅 빈 것, 즉 무를 응시하게 될 것이다.

지식의 대상이 되어야 할 모든 것은 이런 '마주 세움'이라는 형식을 따라야 한다. 우리는 이 형식을 넘어설 능력을 갖추고 있지 않다. 세계의 내면으로 깊이 꿰뚫고 들어갈 수단을 획득하려면, 사유 자체가 우선 경험이 되어야 한다. *우리는 사유를 경험적 사실에 속하는 한 가지 경험으로 탐색해야 한다.*

그래야만 우리의 세계관은 내적 통일성을 갖추게 된다. 우리가 어떤 이질적인 요소를 우리의 세계관 안으로 편입시키려 한다면, 내적 통일성은 바로 사라질 것이다. 우리 앞에는 단순한 순수 경험이 마주 서 있으며, 자신과 여타의 현실을 넘어서 빛을 발산하는 요소를 바로 그 순수 경험 안에서 찾는다.

5. 경험 내용에 대한 언급

이제 순수 경험을 들여다보자. 순수 경험은 무엇을 포함하고 있는가, 우리 사유가 다루지 않는데도 순수 경험은 어떻게 우리 의식 곁을 지나가는가? 순수 의식은 공간적으로 곁에 있고 시간적으로 뒤따라오는 것일 뿐, 서로 연관성이 없는 개별적인 것들의 집합체이다. 생겼다가 또 사라지는 모든 대상은 서로 엮일 일이 없다. 이 단계에서는 우리가 지각하는 사실들, 우리가 내적으로 겪는 사실들은 절대적으로 서로에 대해 무관심하다.

이런 세계는 완전히 무차별적인 사물의 다양성이다. 어떤 사물도, 어떤 사건도 세계의 번잡함 속에서 경험 세계의 다른 부분보다 더 큰 역할을 맡을 수 없다. 어떤 사실이 다른 사실보다 더 큰 의미를 지닌다는 점이 명확해져야 한다면, 우리는 사물을 한갓 관찰할 것이 아니라 그것들을 사유의 관계 안에 넣어야 한다. 아마도 유기적인 기능으로는 최소한의 의미도 갖지 않는 동물의 미발달 기관은 경험에 관해서라면 동물의 몸에서 가장 중요한 기관과 동일한 가치를 갖는다. 경험을 검토할 때, 관찰에서 개별적인 부분들 사이의 관계를 숙고해야만 비로소 더 중요하고 덜 중요한 것이 무엇인지 분명해진다.

경험이라는 면에서는 유기체의 낮은 단계에 속하는 달팽이가 최고도로 발달한 동물과 대등하다. 완전성이라는 면에서 유기체들 사이의 차이는, 우리 앞에 나타나는 다양성을 개념적으로 파악하고 깊이 연구할 때 비로소 드러난다. 이런 관점에서 보면, 에스키모의 문화나 유럽의 발달한 문화 또한 대등하다. *단순한 경험*에 나타나는 것을 기준으로 하면, 인류 역사의 발전에서 로마 황제 카이사르의 의미는 그의 수하에 있던 일개 군인이 갖는 의미보다 더 크지 않다.

단순한 경험적 사실만 생각한다면, 문학사에서 괴테는 고트셰트J. Ch. Gottsched보다 더 탁월하지 않다.

이 관찰 단계에서 보면, 우리에게 세계는 지적으로 완전히 균일한 평면이다. 이 평면의 어떤 부분도 다른 부분보다 두드러지게 높지 않다. 누구도 다른 이보다 지적으로 우월하거나 열등하지 않다. 사상의 불꽃이 이 평면을 뚫고 들어가야 비로소 높고 낮은 차이가 등장하고, 어떤 것이 다른 것에 비해 조금 또는 아주 많이 우월하게 되며, 모든 것이 특정한 방식으로 형태를 갖추고, 실타래가 휘감기듯 하나의 형상이 다른 형상과 이어지며, 모든 것이 그 자체로 완전한 조화를 이루게 된다.

우리는 이 사례들을 통해서 우리가 지각 대상들(여기서는 경험하는 사물과 같은 의미로 쓰였다)이 갖는 더 큰 혹은 더 작은 의미가 말하는 바가 무엇인지, 우리가 대상들을 그 *연관관계* 안에서 파악해야 비로소 등장하는 그 지식을 무엇이라고 생각하는지 충분히 제시했다고 믿는다. 이로써 우리는 경험세계가 우리의 사유에 가까이 오기도 *전에* 그 경험의 객체들을 통해 무한한 차이를 드러내고 있지 않은가 하는 반론에도 흔들리지 않게 되었다고 믿는다. 붉은색을 띤 면은 사유의 활동이 개입하지 않아도 녹색의 면과 구별된다고 주장할 수 있다. 이 말은 옳다. 그러나 이런 지적으로 우리를 반박하고자 하는 사람은 우리의 주장을 완전히 오해한 것이다. 우리의 경험에 주어지는 *개별적인 것*이 무한하다는 것은 우리의 주장이기도 하다. 이 개별적인 것들은 당연히 서로서로 다를 수밖에 없으며, 그렇지 않다면 그것들은 서로 연결되어 있지 않은 무한히 다양한 모습으로 우리 앞에 나타나지 않을 것이다. 우리의 주장은, 지각된 사물들이 서로 아무런 차이가 없다는 것이 아니라 그것들 사이에 아무런 관계가 없다는 것이며, 개별적이고 감각적인 사실들이 우리의 현실상 *전체*에 대해서 어떤 의미도 갖지 못한다는 것이다. 바로 이런 무한한 질적 다양성을 인정하기 때문에, 우리의 주장이 나올 수밖에 없는 것이다.

만약 그 자체로 완결적이고 조화롭게 구성된 통일성이 우리 앞에 등장한다면, 이 통일성을 이루는 각 부분이 서로에 대해서 무관심하다고 말할 수는 없을 것이다.

그런 이유를 들어 앞에서 우리가 든 비유가 적절하지 못하다고 생각하는 이는 그 비유의 핵심적인 점들을 파악하지 못했다고 할 수 있다. 만약 우리가 무한하게 다양한 형태를 띠는 지각 세계를 한 분야의 단일한 형태의 평면적 동등성과 비교하고자 한다면, 이는 물론 오류일 것이다. 그러나 우리의 지평은 다양한 현상계를 철두철미하게 감각적인 것으로 여겨서는 안 되며, 사유가 세계에 가까이 가지 않는다면 이 세계에 대해서 우리가 가지는 *통일적인 전체상*을 감각적인 것으로 여겨야 한다. 사유가 활동한 뒤에는 이 전체상에서 모든 개별성은 단순한 감각들이 매개하는 방식으로 나타나지 않고, *전체* 현실에 의미를 지닌 것으로 나타난다. 따라서 개별적인 것은 경험의 형식 속에서 전체 현실에 완전히 결여되어 있는 어떤 성질을 가진 것으로 나타난다.

우리가 마땅히 순수 경험이라고 부르는 것을 예리하게 요약하여 제시한 사람은 요한네스 폴켈트일 것이다. 이미 5년 전, 그는 《칸트의 인식론》에서 순수 경험을 훌륭하게 특징지었으며, 또한 최근의 저작인 《경험과 사유》에서 이 문제를 더 확장해서 심화시켰다. 물론 폴켈트가 이 책을 쓴 것은 우리와는 전적으로 다른 견해를 뒷받침하기 위해, 그리고 현재 우리가 가지고 있는 의도와는 본질적으로 다른 의도에서였다. 하지만 이런 차이는 순수 경험에 대한 그의 탁월한 성격 규정을 살펴보는 데 장애가 되지 못한다. 순수 경험의 성격에 대한 그의 규정은 제한된 시기에 아무런 연관성도 없는 방식으로 우리의 의식을 지나가는 경험의 상들을 제대로 그려내고 있다. 폴켈트는 다음과 같이 서술한다. "예를 들어 지금 나의 의식이 '오늘 열심히 일했다'는 것이라고 생각해보자. 이 경우 직접적으로 그 생각과 결부된 것은 '나는 홀가분하게 산책하러 나갈 수 있다'는 내용일 것이다. 그런데 갑자기 문이 열리면서 우편집배원이 안으로 들어오는 지각의 상이 등장한다. 우편집배원의 장면은 금세 손을 쭉 뻗고 곧 입을 열고는 또 금세 그 역순으로 하는 행동으로 나타난다. 이와 동시에, 입을 연다는 지각 내용은 온갖 종류의 청각 인상들과 결합한다. 밖에서 비가 내리기 시작한다는 청각 인상도 그에 속한다. 나의 의식에서는 우편집배원의 상이 사라지고, 다시 새로운 표상의 내용들이 연속적으로 등장한다. 가위를 쥐고, 편지를 개봉하고, 독해 불가능한 손글씨를 비난하는 상, 대단히 다양한 글자가 주는 시각적인 상, 또 그것과 결부된 갖가지 판타지와 생각의 상들이 그것이다.

이런 연쇄적인 상의 등장이 미처 마무리되기도 전에, 열심히 일했다는 표상과 계속되는 비의 지각이 우울함을 동반하여 등장한다. 하지만 이 두 상도 나의 의식에서 사라지고, 다른 표상이 등장한다. 새로 올라온 생각은 오늘 내가 일하는 동안에 해결했다고 믿었던 어려움이 해결된 것이 아니라는 내용의 상이다. 이때는 자유의지, 경험적 필연성, 책임, 덕의 가치, 절대적인 우연, 파악 불가능성 등 수많은 생각이 올라왔고 다종다양하고 복잡한 방식으로 서로 결부된다. 그리고 이런 식으로 생각의 꼬리가 이어진다."

우리는 여기서 제한된 특정 시기에 우리가 현실적으로 *경험하는* 것, *사유가* 전혀 개입하지 못하는 현실의 형식을 서술했다.

그런데 이와 같은 일상의 경험 대신에 우리가 학문적인 탐구나 자연 현상에서 얻게 되는 경험을 묘사했다면 결론이 달라졌을 수도 있었다고 믿어서는 안 된다. 학문적인 탐구나 일상의 경험 어디서든 우리의 의식 속을 지나가는 것은 연관관계 없는 개별적인 상들이다. 거기에 사유가 개입하여 처음으로 연관관계를 설정하게 된다.

우리는 또한 리하르트 발레Richard Wahle 박사가 자신의 저작 《뇌와 의식》(빈, 1884)에서 사유와는 전혀 무관한 경험이 존재한다는 것을 예리하게 제시한 공로를 인정해야 한다. 다만 이 저작에서 발레 박사가 외부 세계와 내부 세계에 무조건적으로 타당한 현상의 속성이라고 설정한 것이 우리가 앞에서 그 성격을 규정한 세계 고찰의 *첫 번째* 단계에서만 타당하다는 한계는 아쉽다. 발레 박사에 따르면, 우리가 아는 것은 공간적으로 나란히 있거나 시간적으로 연속하여 일어나는 것만이다. 나란히 존재하거나 연속적으로 존재하는 사물들 사이의 관계는 그에 따르면 언급할 일이 전혀 아니다. 예를 들어 따스한 햇살과 돌이 가열되는 것 사이의 어딘가에는 내적인 연관관계가 있을 수도 있다. 우리는 인과적인 연관관계에 관해서는 아무것도 알지 못한다. 우리에게 유일하게 분명한 것은, 첫 번째 사실(햇살.-역자)이 두 번째 사실(돌의 가열.-역자)에 뒤따른다는 것이다. 또한 우리가 접근할 수 없는 세계의 어디선가는 뇌의 기계적 작동과 정신 활동 사이의 내적인 연관관계가 존재할 수도 있다. 우리가 아는 것은 다만 그 양자가 나란히 진행되는 사건이라는 점이다. 우리에게는 예를 들어 두 현상 사이의 인과적인 연관관계를 가정할 권리가 전혀 없다.

만약 발레 박사가 이 주장을 단적으로 학문의 최종적인 진리로 설정한다면, 우리는 학문의 진리를 확대하는 이 주장을 다음과 같이 논박할 수밖에 없다. 즉, 그의 주장은 우리가 현실을 지각하는 첫 번째 형식에 대해서만 완전히 타당하다고 말이다.

외부 세계의 사물(돌과 햇살.-역자)이나 내부 세계의 사건(뇌와 정신.-역자)이 우리 지식의 이 단계에서 연관관계를 결여한 채 존재할 뿐만 아니라, 우리 자신의 인격 또한 세계에 대립하여 존재하는 고립된 개별자이다. 우리는 우리 자신이 우리를 둘러싼 대상들과 관계 없이 존재하는, 그저 무수한 지각 중의 하나라고 느낀다.

6. 전체 경험에 대한 잘못된 파악의 교정

이제 여기서 칸트 이래로 이어져온 편견을 살펴보도록 하자. 그 편견은 특정 집단에서 수학의 공리로 간주될 정도로 익숙해진 것이다. 그래서 그 편견을 의심하려 드는 사람은 그저 아마추어로 치부되어, 근대 학문의 가장 기본적인 개념도 섭렵하지 못한 사람 취급을 받는다. 내가 지적하고자 하는 편견은 다음과 같은 견해다. 전체 지각 세계, 색채와 형태, 소리, 높고 낮은 온도 등으로 가득한 이 무한한 다양성은, 우리에게 알려지지 않은 미지의 세계가 우리에게 미치는 작용에 우리의 감각들을 열어 두어야만 가능한 우리의 주관적인 표상 세계일 따름이라는 것이다. 이런 관점에 따르면, 전체 현상 세계는 우리의 개별적인 의식 *내부에서* 표상이라고 설명되고, 이 전제를 토대로 인식의 본성에 관한 더 상세한 주장들이 구성된다. 폴켈트도 이 견해에 동조했고 이 견해에 입각해서 학문적으로도 탁월한 업적인 자신의 인식론을 세웠다. 그럼에도 이는 어떠한 *근본적인 진리*도 아니며, 인식학의 *정상*에 설 최소한의 자격도 갖추지 못했다.

다만 우리의 주장에 관해 오해하지는 말아야 할 것이 있다. 우리는 현대의 *생리학적인* 성취에 맞서서 뭔가 무기력한 저항을 하자고 제안하는 것이 아니다. 생리학적으로 온전한 정당성을 가진 것이라는 그 이유만으로는 인식론의 문턱에 세우기에는 많이 부족하다. 우리가 경험이라고 명명했던 감각과 직관의 복합체는 우리의 신체기관의 협력을 통해서 비로소 생기게 된다는 점은 반박 불가능한 생리학적인 진리로 간주될 수 있다. 그런 인식조차 많은 숙고와 탐구의 결과라는 점도 확실하다. 우리가 이해하는 현상 세계가 *생리학적인* 의미에서는 주관적 성격을 갖는다는 근본 특성은 이미 현상 세계에 대한 사고의 *규*정인 셈이다. 따라서 현상 세계는 그 최초의 등장과는 전혀 무관한 것이다. 현상의 출현은 *사유*를 *경험*에 적용해야 한다는 점을 이미 전제하고 있다. 그러므로 현상의 출현에 선행하는 것이 인식의 이 두 가지 요소 사이의 연관관계에 대한 탐구다.

사람들은 그러한 견해가 칸트 이전의 "단순성"을 능가한 것으로 믿고 있다. 단순성이란, 마치 어떤 학문적인 교육도 받지 못한 단순한 사람이 오늘날 여전히 그렇게 생각하듯이, 시간과 공간 속의 사물을 현실로 간주하는 것을 가리킨다.

폴켈트는 이렇게 주장한다. "객관적인 인식이어야 한다고 요구하는 모든 행위는 인식하는 개별자의 의식과 불가분적으로 결부되어 있다. 그 행위들은 우선적으로 그리고 직접적으로 개별자의 의식 안에서만 완수되며, 또 그 행위들은 개별자의 영역을 넘어설 수 없고, 외부에 놓여 있는 현실적인 것의 영역을 파악하거나 그 영역으로 진입할 능력을 완전히 결여하고 있다."

그러나 이제 편견 없는 사유에서조차도 완전히 불가해한 것은, 직접적으로 우리 앞에 등장하는 현실의 형식(경험)이 그 자체에 담고 있는 것이 여하튼 우리가 현실의 형식을 한갓된 표상으로 여기는 것을 정당화한다는 사실이다. 단순한 인간은 사물에서 무엇이 그를 이런 관점(소박한 실재론.-역자)을 갖게 했는지 그 무엇도 깨닫지 못한다고 하는 단순한 고려는, 그렇게 가정해야만 할 근거가 대상 자체에 *있지 않다*는 사실을 우리에게 가르쳐준다. 나무 한 그루, 책상 하나는 그 자체가 나로 하여금 그것들을 단순한 표상적 형상으로 간주하도록 유인하는 무엇을 담고 있는가? 표상적 형상은 최소한 자명한 진리로 여겨져서는 안 된다.

 이 마지막의 오류(표상적 형상을 진리로 여기는 일.-역자)를 범함으로써 폴켈트는 자신의 고유한 근본원칙들과 모순에 빠져든다. 우리의 확신에 따르면 그는 경험의 주관적 성격을 주장할 수 있기 위해서, 경험은 그 어떤 사유에 의한 규정도 없는 감각적 상들의 연관성 없는 혼돈만을 포함할 뿐이라는, 자신이 알아낸 진리에서 벗어날 수밖에 없었다. 그러지 않으려 했다면 그는 인식의 주체인 관찰자 또한 임의의 대상들과 마찬가지로 경험 세계 안에서 아무런 연관도 없이 있을 수밖에 없다는 점을 통찰했어야 했다. 그러나 지각된 세계에 술어가 주관적으로 부여된다면, 마치 떨어지는 돌을 바닥에 눌린 자국의 원인으로 간주하듯이, 술어도 *사유적 규정*이 된다. 그럼에도 폴켈트 자신은 경험적 사물의 연관관계를 전혀 인정하려 하지 않는다. 바로 거기에 그의 통찰의 모순이 놓여 있고, 거기서 그는 순수 경험에 대하여 자신이 말한 원리에 따를 수 없게 되었다. 이로써 그는 자신의 개별성 안으로 스스로를 가두어, 더 이상 그로부터 탈출할 수 없는 상태에 빠지게 되었다. 이 점을 그는 주저하지 않고 인정한다. 지각으로부터 분리된 상 너머에 놓여 있다고 하는 모든 것을 그는 의심한다. 그의 견해에 따르면, 우리의 사유가 이 표상 세계로부터 객관적인 현실을 이끌어내려고 부단히 노력하기는 한다는 것이다. 그러나 표상 세계를 넘어서려고 아무리 애를 써도, 그것만으로는 우리를 확실한 진리로 안내하지 못할 것이다. 폴켈트에 따르면, 우리가 사유를 통해 획득하는 모든 지식은 회의 앞에서 무너질 수 있다. 어떤 방식이든 직접적인 경험의 확실성에 필적할 만한 것은 없다. 이 직접적인 경험의 확실성만이 더 이상 의심할 수 없는 지식으로 우리를 이끈다. 그러나 우리는 그 지식이란 또 얼마나 결함 투성이인지를 이미 보았다.

하지만 폴켈트가 감각적 현실(즉 경험)에 대해 결코 적합하지 않은 특성을 부여하고는 그것을 바탕으로 다른 가정들을 구축한 것이 이 모든 문제의 원천이 되었다.

우리가 폴켈트의 저작을 특별히 배려하여 길게 논의해야 했던 이유는, 그것들이 이 분야에서 오늘날 이루어진 가장 중요한 업적이자 모든 인식론적인 탐구의 전형으로 간주되기 때문이며, 또 그의 저작들이 괴테의 세계관을 토대로 우리가 주장하는 방향과 근본적으로 대립하기 때문이었다.

7. 독자의 경험에 호소함

우리가 피해야 할 오류는, 직접적으로 우리에게 주어진 것(직접적 소여.-역자)에, 즉 외부 세계와 내부 세계가 우리 앞에 등장할 때 취하는 최초의 형식에 미리 그 특성을 부여함으로써 어떤 *전제*에 근거해서 우리의 설명에 타당성을 부여하는 것이다. 그렇다. 우리는 경험을 우리 사유의 그 어떤 부분도 차지하지 않는 것으로 규정한다.

그러므로 우리가 하는 설명의 초반에는 사유가 범하는 오류가 논의의 대상이 되지 않는다.

학문적 탐구가 범하는 근본 오류는, 특히 오늘날의 탐구가 문제가 되지만, 그들 스스로 순수 경험에 투입한 개념들을 다시 추려냄으로써 순수 경험을 재현할 수 있다고 믿는 바로 그 지점에 있다. 이제 사람들은 우리 또한 순수 경험에 많은 속성을 부여하지 않았느냐고 이의를 제기할 것이다. 우리는 순수 경험을 무한한 다양성으로, 또 연관성 없는 개별자들의 집합 등으로 묘사했다. 그렇다면 이 또한 사유적인 규정들이 아니고 무엇일까? 우리가 그 규정들을 사용한 방식으로는 확실히 그렇지 않다. 우리는 단지 독자로 하여금 사유로부터 독립된 현실에 시선을 두도록 하기 위해 그 개념들을 사용한 것이다. 우리는 그 개념들을 경험에 부여하고자 한 것이 아니다. 우리는 그것들을 어떤 개념도 갖지 않는 현실의 형식에 주의를 기울이게 하기 위해서만 사용했다.

모든 학문적은 탐구는 언어를 매개로 하여 수행될 수밖에 없고, 이 언어는 오로지 개념들만을 표현할 수 있다. 그러나 이러저러한 특성을 어떤 사물에 곧바로 귀속시키기 위해서 특정한 단어들을 사용하는가, 또는 독자나 청자의 시선이 특정한 대상에 향하도록 하기 위해 단어들을 사용하는가, 하는 것은 본질적으로 서로 다른 문제다. 비유를 들자면 이렇게 말할 수 있을 것이다. 만약 A가 B에게, "네가 저 사람을 판단할 때 그의 가정을 중심으로 그를 관찰하면, 그저 그 사람의 평소 업무 태도만으로 알고 있던 것과는 본질적으로 다른 판단을 하게 될 거야." 하고 말하는 것과, "저 사람은 아주 좋은 아빠야." 하고 말하는 것은 다르다. 첫 번째 경우, B의 주의는 특정한 의미를 중심으로 그 방향이 달라진다. 즉, 특정한 환경을 고려하여 누군가의 인격을 판단해야 한다고 생각하게 될 것이다. 두 번째 경우에는 이 인격에 간단히 특정한 특성이 부여되는데, 다시 말하면 그에 대해 어떤 주장을 하게 되는 것이다. 이 사례에서 첫 번째 경우가 두 번째와 다른 것처럼, 이 저술에서 우리는 다른 문헌들에서 나타나는 것과는 다른 태도를 취해야 한다. 만약 어디에선가 어쩔 수 없이 양식화된 표현을 하는 탓에, 또는 표현 가능성을 얻으려는 목적으로 인해, 언뜻 보기에 말한 것과는 다르게 보이는 부분이 있다면, 여기서 다음과 같은 점을 분명하게 언급하고 지나가고자 한다. 즉, 우리의 서술은 단지 여기서 논의된 의미만을 가질 따름이며, 어떤 방식으로든 사물들 자체에 적용될 주장을 펼치려는 의도와는 전혀 무관하다.

우리가 현실에서 관찰하는 첫 번째 형식에 이름을 붙이고자 한다면, 사안에 가장 적절한 이름은 '*감각들을 위한 현상*Erscheinung für die Sinne'이 될 것이다.주석 5 이 감각은 외부 세계의 중재자인 외적인 감각만을 말하는 것이 아니라, 일반적으로 직접적인 사실을 지각할 때 사용되는 모든 신체적이고 정신적인 기관을 가리킨다. 실제로 심리학에서 대단히 널리 쓰이는 명칭으로는, 내적 체험innere Erlebnisse(대개 경험은 현상계에 관한 주관의 지각적 감각을 의미하는 반면, 체험은 내재화된 경험 자료에 관한 주관 내의 작용을 가리킨다.-역자)

의 지각 능력을 위한 *내적 감각innerer Sinn*이라는 용어가 있다.

하지만 우리는 현상이라는 단어를, 우리가 지각할 수 있는 사물 혹은 사건을 나타내는 말로 쓰고자 한다. 단 이 사물과 사건은 시간이나 공간에 등장하는 경우로 한정되어야 한다.

이제 여기서 또 하나의 물음을 던져야 하는데, 그 물음은 우리가 인식학을 위해서 고찰해야만 하는 두 번째 요소인 사유로 우리를 인도할 것이다.

지금까지 우리가 경험으로 알게 된 방식을 사안의 본질 속에 기초를 둔 어떤 것이라고 간주할 수 있을까? 이 방식은 현실이 갖는 고유한 특성인가? 매우 많은 것이 이 물음에 대한 답변에 따라 달라진다. 다시 말해 이 방식이 경험적 사물들의 본질적 특성인 동시에 진정한 의미에서 경험적인 사물들에 본성적으로 귀속되는 어떤 것이라면, 사람들이 도대체 인식의 이 단계를 어떻게 넘어설 것인가는 간과할 수 없는 문제다. 우리가 지각하는 모든 것을 연관관계 없이 기록하는 일에 몰두하면, 그렇게 모인 기록이 우리의 학문이 될까? 경험의 형식 속에서 사물들에 귀속되는 완전한 고립이 사물들의 참된 특성이라고 한다면, 사물들의 연관관계를 추구하는 모든 연구는 도대체 무엇이란 말인가?

만약 우리가 현실의 형식 속에서 그 형식의 본질에 상관하지 않고 오로지 그 형식의 완전히 비본질적인 외적 측면만 상관한다면, 만약 세계의 참된 본질을 감싸고 있는 하나의 껍질만을 우리 앞에 두고 있다면, 그리고 그 껍질이 세계의 본질을 은폐한 채 우리에게 그

것을 계속 찾으라고 요구하고 있다면, 사정은 완전히 다를 것이다.주
석6 그 경우 우리는 그 껍질을 뚫고 들어가려고 노력해야 될 것이다.
그리고 우리는 세계의 형식의 참된 특성을 얻어내기 위해 세계의 이
첫 형식을 출발점으로 삼아야 할 것이다. 우리는 감각에 등장하는
현상을 극복하여 그로부터 더 고차적인 현상의 형식을 발전시켜야
할 것이다. 이 물음에 대한 답변은 다음의 탐구들에 있다.

C

사유

8. 경험 안에서 이루어지는 고차적 경험인 사유

우리는 연관성이 없는 혼란스러운 경험의 내부에서, 어쨌거나 우리로 하여금 이 연관성의 결여를 뛰어넘게 하는 경험 사실이기도 한 요소를 한 가지 발견한다. 이것이 바로 *사유*다. 사유는 경험 사실로서 이미 경험의 내부에서 이례적인 위치를 차지한다.

만약 내가 나의 감각에 직접 나타나는 사물에 머물러 있게 되면, 나는 여타의 경험 세계에서 개별 경험을 넘어서지 못한다. 내 눈앞에 있는 액체를 끓이려 한다고 가정해보자. 이 액체는 처음에는 아무런 움직임을 보이지 않지만, 곧 기포가 올라오다가 결국 증기로 그 모습이 바뀐다. 이 모든 과정에 대한 지각은 시간차를 두고 한 가지씩 이루어진다. 내가 원하면 나는 이 과정의 방향을 바꾸거나 뒤집을 수도 있다. 즉, 내가 나의 감각이 제공하는 것에 머무른다면, 나는 내 앞에서 일어나는 사실들 사이의 연관관계를 발견하지 못한다. 하지만 사유의 경우에는 사정이 다르다. 가령 내가 원인이라는 관념을 이해하고 있다면, 이 관념은 자신의 고유한 내용을 통해 나를 결과라는 관념으로 이끌게 된다. 이때 나는 관념이 직접적인 경험 안에 나타나는 형식 안에서 그 관념을 포착하기만 하면 된다. 그리고

53

그 관념은 이미 법칙에 합당한 규정으로 나타난다.

경험에 적용할 수 있는 연관관계여야 하겠지만, 여타의 경험에서는 다른 곳에서 가져와야만 할 *법칙적인 연관관계*가 사유 안에는 그 최초의 등장에서부터 이미 있다. 여타의 경험에서는 현상으로서 나의 의식에 등장하는 것에 이미 그 모든 사태가 각인되어 있지는 *않다*. 그런데 사유에서는 전체 사태가 나에게 주어진 것 속에서 여과 없이 드러난다. 내가 일단 사유의 핵심에 도달하려면 그 껍질을 뚫고 들어가야 하는데, 여기서는 껍질과 핵심이 분리되지 않고 하나로 통합되어 있다. 사유가 우선 경험과 완전히 유사한 방식으로 나타난다면, 그것은 모든 사람들이 가진 편견일 따름이다. 우리는 사유에서 우리의 편견을 극복할 필요가 있다. 우리는 여타의 경험에서 그 *사태에 포함된* 어려움을 해결해야 한다.

우리가 여타의 경험에서 추구하는 것은 사유 속에서는 그 자체로 직접적인 경험이 되어 있다.

다른 방식으로는 전혀 얻을 수 없는 난관의 해결책이 바로 그 안에 주어져 있다. 경험에 발을 딛고 서라는 것은 학문의 정당한 요구다. 경험의 내적 법칙성을 추구하라는 것 또한 그에 못지 않게 정당한 학문의 요구다. *따라서 이런 내면 자체는 경험이 이루어지는 자리에서 드러나야 한다.* 그래야만 경험이 경험 자체의 도움으로 스스로 심화된다. 우리의 인식론은 경험의 요구를 최상의 형식 속에서 제기하며, 외부로부터 무엇인가를 경험 속으로 끌어들이려는 모든 시도를 거부한다. 우리의 인식론은 스스로 경험의 내부에서 사유의 규정들을 발견한다. 사유가 현상에 진입하는 방식은 여타의 경험 세계에서와 동일하다.

경험의 원칙이 가진 영향력과 그 본래적인 의미는 너무나 자주 오해된다. 현실의 대상들을 그 최초의 등장 형식에 맡겨 두라고 하는 요구, 그리고 그렇게 하여 그 대상들을 학문의 대상으로 삼으라는 요구는 경험의 원칙이 제기하는 가장 냉혹한 형태의 요구다. 이런 요구는 순전히 방법에 관한 원칙이다. 이런 원칙은 경험의 내용에 관해서는 아무것도 말해주지 않는다. 유물론이 주장하듯이 *감각 지각*만이 학문의 대상일 수 있다고 누군가 주장한다면, 그는 이 원칙에 의지하지 *않아도* 될 것이다. 이 원칙은 경험의 내용이 감각적인지 관념적인지를 두고 어떤 판단도 내리지 않는다. 그러나 특정한 경우 이 원칙이 위에서 언급한 가장 냉혹한 형식으로 적용되어야 한다면, 이 원칙은 하나의 전제를 세운다. 즉, 이 원칙은 어떻게 경험되든지 간에 경험의 대상들이 학문적인 노력을 만족시킬 하나의 형식을 가질 것을 요구한다. 우리가 앞에서 살펴본 것처럼, 외부 감각의 경험이 그런 형식을 갖기란 불가능하다. 이는 사유에서만 가능한 일이다.

단지 사유에서만 경험의 원칙은 그 자신의 가장 극단적인 의미에서 적용될 수 있다.

그렇다고 해서 이 원칙이 여타의 세계로 확장되는 것이 배제되지는 않는다. 이 원칙에는 그 가장 극단적인 형식 말고도 다른 형식들이 더 있다. 어떤 대상의 학문적인 해명을 위해서는 우리가 그 대상이 직접적으로 지각되는 방식에 내맡길 수 없는 경우에도, 그 학문적인 노력이 요구하는 수단을 경험 세계의 다른 영역으로부터 끌어들이는 방식으로 해명이 이루어질 수 있다. 그럴 때에도 우리는 "*경험 일반*"의 영역을 넘어서지는 않는다.

괴테 세계관의 의미에 근거한 인식 학문은 경험의 원칙을 철두철미하게 따른다는 점에 주요 방점을 두고 있다. 괴테만큼이나 이 원칙의 전적인 타당성을 인식한 사람은 그 누구도 없다. 우리가 위에서 요구했던 것처럼 괴테는 경험의 원칙을 철저하게 옹호했다. 자연에 관한 모든 고차적인 관점들은 그에게 있어서 오로지 현상으로서만 나타나야 했다. 그 관점들은 "자연 내에서 자연보다 더 고차적인 자연"이 있어야 했다.

〈자연〉이라는 글에서 괴테는 우리가 자연으로부터 벗어날 능력이 없다고 말한다. 우리가 괴테가 말하는 의미의 자연을 이해하려면, 이를 위한 수단을 자연 *내부*에서 찾아야만 한다.

만약 우리가 경험 자체의 특정 지점에서 모든 학문성의 근본 요소인 관념적인 법칙성을 찾지 못한다면, 어떻게 경험의 원칙에 근거하여 인식 학문을 세울 수 있겠는가? 앞에서 살펴보았듯이, 우리는 이 요소를 수용해서 심화시킬 필요가 있다. 이 요소가 경험 속에서 발견되기 때문이다.

이제 사유가 실제로 어떤 방식으로 우리에게 등장한다면, 우리가 앞에서 부각시킨 사유의 표징들을 요구할 수 있을 정도로 사유가 우리의 개별성을 의식할 수 있는가? 이 점을 의식하는 모든 사람들은 감각적인 현실의 외부 현상, 심지어 우리 정신적 삶의 다른 사건이 의식되는 방식, 그리고 우리가 우리 자신의 사유를 의식하는 방식 사이에 본질적인 차이가 있음을 알게 된다. 첫 번째 경우 우리는 확증된 사물에 맞서 있다는 것을 확실히 의식한다. 여기서 확증되었다는 것은, 말하자면 우리가 이 변화에 *결정적인* 영향을 행사하지 않았음에도 그것이 하나의 현상이 되었다는 의미다. 그런데 사유에서는 다르다. 사유는 단지 경험의 첫 순간에만 여타의 현상처럼 나타난다. 우리가 어떤 관념을 떠올릴 경우, 그 관념이 우리 의식에 온전히 직접적으로 등장함에도 불구하고, 우리는 우리 자신이 그 관념의 발생 방식과 내적으로 연결되어 있음을 안다. 만약 나에게 어떤 생각이 갑자기 떠오른다면, 그것이 어떻게 보면 일단 먼저 눈과 귀가 나에게 전달해야 할 외적 사건처럼 갑작스럽게 일어났음에도 불구하고, 나는 이 관념이 등장한 영역이 *나의* 의식이라는 점을 알고 있다. 이 갑작스러운 생각이 사실이 되도록 하기 위해서는 *나의* 활동이 우선적으로 요구된다는 것을 나는 알고 있다. 모든 외부 대상들의 경우, 각 대상은 먼저 자신의 외면만을 나의 감관에 제공한다는 것을 나는 안다. 관념의 경우에는, 나는 그것이 나에게 제공하는 것이 바로 그 관념의 *전부*임을, 그리고 스스로 완결된 전체로 나의 의식 안에 등장함을 안다. 우리가 감관의 대상에서 항상 전제해야만 하는 외적 추동력들은 관념에는 없다. 사실 감각 현상이 어떤 확증된 것으로서 우리 앞에 나타나는 원인은 외적인 추동력들이라고 할 일이다. 외적 추동력들이 감각적 현상의 *생성*을 가능하게 한다는 것이다. 관념에 있어서는 그 관념의 *생성*이 나의 활동 없이는 불가능하다는 것을 나는 분명히 안다. 만약 그 관념이 나에게 어떤 의미를 가져야만 할 경우, 나는 관념에 *천착*해야 하며, 사후적으로 그 내용을 만들어야 하며, 또 그 관념의 내적으로 가장 작은 부분까지도 체득해야 한다.

지금까지 우리는 다음과 같은 진리를 획득했다. 세계 고찰의 첫 단계에서는 전체 현실은 연관을 결여한 집합으로서 우리 앞에 등장한다. 사유는 이 혼돈의 내부에 갇힌 채로 있다. 우리가 이 다양성을 섭렵한다면, 우리는 이미 그 최초의 등장 형식 속에서 여타의 것들이 나중에 얻어내야 하는 성격을 가진 부분을 그 다양성 안에서 발견한다. 이 부분이 사유다. 여타의 경험에서 극복되어야 할 바는 등장의 직접적인 형식이며, 사유에서는 바로 이 직접적인 등장을 붙잡아야 한다. 우리는 자신의 원초적인 형태대로 두어야 할 현실의 요소를 우리 자신의 의식에서 발견할 뿐 아니라, *우리 정신의 활동이 동시에 이 요소의 현상이라고 할 정도로 그 요소와 결부되어 있다.* 이 요소는 두 측면에서 본 하나이자 동일한 사태다. 이 사태는 세계의 관념 내용이다. 관념 내용이 한 번은 *우리 의식의 활동*으로, 다른 한 번은 *자신 안에서 완결된 합법칙성의 직접적인 등장, 즉 자신 속에서 규정된 관념의 내용*으로 나타난다. 우리는 어떤 측면이 더 중요한 것인지 곧장 알게 될 것이다.

이제 우리는 관념의 내용 안에 서 있어서 그 내용의 모든 부분을 꿰뚫고 있기 때문에, 그것의 *가장* 고유한 본성을 진실로 인식하는 상태에 있다. 그 관념이 우리에게 등장하는 방식은, 우리가 앞서 부여했던 속성들이 실제로 그 관념에 속한다는 사실을 보증한다. 따라서 관념은 세계 고찰의 다른 모든 방식을 위한 출발점으로서도 확실하게 사용될 수 있다. 관념의 *본질적인* 성격을 우리는 관념 *자체로부터* 끌어낼 수 있다. 여타의 사물에서 관념을 얻고자 한다면, 우리는 그 관념을 출발점으로 하여 우리의 탐구를 시작해야 한다. 우리는 이제 더 분명하게 발언하고자 한다. 우리는 오로지 사유에서만 *현실적인 합법칙성, 관념적인 규정을 경험할 수 있기* 때문에, 우리가 경험할 수 없는 여타 세계의 합법칙성은 이미 사유 속에 포함되어 있어야 한다. 다른 말로 표현하면, *감각에 등장하는 현상 그리고 사유는* 경험 속에서 서로 맞서 있다. 감각은 우리에게 경험의 고유한 본질에 관해 어떤 것도 해명하지 못하지만, 사유는 자기 자신뿐만 아니라 동시에 *감각에 등장하는 현상*의 본질에 관해서도 해명하고 있다.

9. 사유와 의식

여기서 마치 우리가 우리의 인식론에 절대로 들어오지 못하도록 멀리하고자 하던 주관주의적인 요소를 스스로 끌어들인 것처럼 비칠 수도 있다. 여타의 지각 세계는 그럴 수가 없더라도 ―사람들이 우리의 논의에서 그렇게 판단할 수도 있겠지만― 우리의 견해 자체에 따르면 관념은 주관적인 성격을 지닌다는 주장도 있다.

이 반론은 우리 관념의 활동 무대, 그리고 관념이 자신의 내용적 규정들과 내적 합법칙성을 얻어내는 원천인 저 주관주의적 요소를 혼동한 결과로 제기된다. 우리가 관념의 내용을 생산하는 것은, 이 생산물 속에 우리의 관념이 어떤 결합들에 관여해야만 하는지를 규정하는 방식으로는 이루어지지 않는다. 우리는 다만 기회원인만을 제공하여, 관념 내용이 그 자신의 고유한 본성에 따라서 전개될 수 있게 한다. 우리는 관념 a와 관념 b를 파악한 후, 두 관념으로 하여금 상호작용하도록 함으로써 이 양자가 합법칙적으로 결합할 기회를 제공한다. 우리의 주관적 조직은 a와 b의 이런 결합을 특정 방식으로 규정할 수 없으며, a와 b 자체의 *내용*만이 그 결합을 규정할 수 있다. a가 b에 대해 특정 방식으로 관여할 뿐, 다른 방식일 수 없다는 사실에 대해 우리는 어떤 영향력도 행사할 수 없다. *우리의 정신이 관념 집합들을 결합하는 데 기준을 제시하는 것은 오로지 그 관념들의 내용이다. 결국 우리는 사유 속에서 경험의 원칙을 가장 냉혹한 형식으로 완수하는 셈이다.*

이로써 칸트와 쇼펜하우어의 견해, 그리고 더 넓은 의미로는 피히테의 견해까지 반박되었다. 그들은 우리가 세계를 해명하기 위해 가정하는 법칙들이 단지 우리 자신의 정신적인 유기조직의 결과라고 생각하며, 또 우리가 우리 자신의 정신적인 개별성을 통해서만 그 법칙들을 세계에 투영한다고 잘못 생각한다.

사람들은 주관주의적인 관점으로부터 또 다른 이의를 제기할 수 있을 것이다. 관념 집합들의 법칙적인 연관관계가 우리의 유기조직의 비율에 따라서 우리 자신에 의해서 완수되는 것이 아니라 이미 관념 집합들의 내용에 의존하는 것이라 해도, 이 내용은 온전히 주관적인 산물일 수 있고 또 우리 정신의 단순한 성질일 수 있다는 것이다. 결국 우리 스스로가 산출한 요소들을 결합하는 것에 지나지 않는다고 이의를 제기하는 것도 가능하다. 만일 그렇게 된다면, 우리의 관념 세계는 그저 주관적인 가상에 불과할 것이다. 그러나 이 문제 제기에 대해서는 쉽게 반박할 수 있다. 즉, 우리의 사유 내용이 확실한 근거가 있다면, 어디에서 유래하는지는 우리가 정말 알지 못하는 법칙에 따라 우리 사유의 내용을 결합하게 될 것이다. 앞에서 우리가 부정했고 지금은 해결된 것으로 여길 수 있는 사실과 달리 이런 법칙들이 우리의 주관성으로부터 나오지 않는다면, 우리 자신이 산출한 내용에 대한 연결법칙을 우리에게 제시하는 것은 도대체 무엇이란 말인가?

따라서 우리의 관념 세계는 완전히 자기 자신을 바탕으로 만들어진 실체이며, 자기 안에서 완결되며 자기 안에서 완전하며 종결된 전체이다. 여기서 우리는 관념 세계의 두 측면 중 어느 것이 본질적인 측면인지 알게 된다. 그것은 관념 세계의 *객관적인* 측면이지 관념 세계 등장의 *주관적인* 측면이 아니다.

이렇게 사유의 내적 확실성과 완전성을 통찰하는 면모는 헤겔의 학문적인 체계 속에서 극명하게 드러난다. 사유가 자신으로부터 출현하여 세계관을 정초할 수 있게 할 정도로 사유의 완전한 힘을 신뢰한 사람으로는 헤겔을 능가한 이가 없었다. 헤겔은 사유에 *절대적인 신뢰*를 두었고, 심지어 사유는 그야말로 그가 신뢰한 유일한 현실의 요소다. 헤겔의 견해가 보편적으로 타당한 것이라고 해도, 그는 사유를 지나치게 과격한 형식을 통해서 옹호함으로써 사유에 대한 일체의 인정이 사라지게 만들었다. 헤겔이 자신의 견해를 개진했던 방식은, 우리의 "사유에 대한 사유"에 들이닥친 구제할 길 없는 혼란에 책임이 있다. 그는 사유의 필연성을 동시에 사실들의 필연성으로 묘사함으로써 관념이나 이념의 의미를 매우 직관적으로 나타내려 했다. 그럼으로써 그는 사유의 규정들이 순수하게 이념적인 것이 아니라 사실적인 것이라고 보는 오류를 초래했다. 그러자 사람들은 헤겔이 감각적 현실의 세계 자체에서 관념을 사실인 듯 찾아 헤매기나 했다는 식으로 그의 견해를 이해했다. 물론 헤겔은 이 문제를 그렇게 분명하게 설명한 적도 없다. *그러나 관념의 장이 유일하게 인간 의식이라는 점은 확실히 밝혀 두어야 한다. 그런 다음 이런 사정 때문에 관념 세계가 절대로 객관성을 잃지 않는다는 점이 제시되어야 한다.* 헤겔은 관념의 객관적인 측면만을 강조했다. 그러나 사람들 가운데 다수는 더 손쉬운 주관적인 측면만을 보며, 헤겔이 순수 이념적인 것을 마치 사실처럼 다루고 신비화했다고 생각한다. 심지어 오늘날 많은 식자들조차 같은 오류에서 자유롭지 못하다. 그들은 헤겔 자신에게는 없으나 다른 이에 의해 그에게 덧씌워질 수 있는 결함이 있다고 비난한다. 헤겔이 해당 문제를 지나치게 빈약하게 해명했기 때문에 그런 일이 벌어졌다는 것이다.

여기서 우리는 우리의 판단력 앞에 한 가지 난관이 놓여 있음을 인정한다. 그러나 우리는 이 난관이 모든 적극적인 사유에서는 극복될 수 있는 것이라 믿는다. 우리가 생각해야 할 것은 다음 두 가지다. 먼저 우리는 이념의 세계를 현상으로 드러나도록 *개입하여야 하며*, 동시에 우리가 개입하여 현존으로 불러오는 그것이 *자신의 고유한 법칙들에 바탕을 두고 있어야 한다*는 것이다. 물론 오늘날 우리는 현상을 단지 수동적으로 관찰하는 입장에서만 대면하면 되는 것이라고 생각한다. 그러나 이는 무조건적인 요구가 될 수 없다. 우리 스스로 어떤 객관적인 것을 현상이 되도록 움직인다는 생각이, 달리 말하면 우리가 현상을 단순히 지각하는 것이 아니라 생산한다는 생각이 우리에게 무척 낯설 수도 있겠지만, 이 생각은 전혀 부적절한 것이 아니다.

사람들은 인간의 숫자만큼이나 많은 관념 세계가 있을 것이라는 일상적인 견해를 단순하게 포기하면 된다. 이런 견해는 이전부터 전해지던 편견일 따름이다. 그와는 다른 견해도 최소한 똑같이 가능하다는 의식 없이, 하나 혹은 그와는 다른 어떤 견해가 갖는 타당성의 근거들이 충분히 숙고되어야만 한다는 의식 없이, 이 견해는 암묵적으로 도처에서 전제된다. 사람들이 *이런* 견해 대신 생각해보아야 할 것은, *단지 하나의 관념* 내용만 있다는 사실, 그리고 우리의 개별적인 사유는 우리의 자아, 우리의 인격이 세계의 *관념 중심*과 하나가 되려는 노력 이상이 아니라는 사실이다. 이런 생각이 옳은지 아닌지를 탐구하는 것은 우리가 여기서 할 일은 아니다. 그러나 그런 생각은 충분히 *가능하며*, 우리는 우리가 원한 것에 도달했다. 즉, 우리가 필연적인 것으로 설정한 사유의 객관성을 다른 방식으로도 모순 없이 나타나도록 할 수 있는 출발점이 족히 마련하게 되었음을 제시한 것이다.

객관성이라는 점에서 보면, 사상가의 작업은 족히 기계공의 작업에 비견될 수 있다. 기계공이 자연의 힘들을 상호작용으로 이끌고 이를 통해 목적을 위한 활동과 힘의 발현을 이끌어내듯이, 사상가는 관념 집합들이 생동하는 상호작용을 시작하게 함으로써 그것들이 학문을 구성하는 관념 체계로 전개되도록 한다.

견해는 그 견해에 대립되는 오류들을 폭로함으로써 가장 잘 밝혀진다. 여기서 우리는 이미 우리가 반복적으로 동원했고 또 많은 장점이 있는 방법을 다시금 불러오고자 한다.

우리가 특정 개념들을 결합하여 더 복잡한 것으로 만들거나 특정한 방식으로 사유하는 이유는 우리가 이를 행해야 할 어떤 내적인 (논리적인) 압박을 느끼기 때문이라고 사람들은 보통 생각한다. 폴 켈트 역시 이런 생각에 동의한다. 하지만 그런 견해가 어떻게 우리 의식 안에 있는 전체 관념 세계의 *투명한 명료성*과 일치할 수 있는가? 우리는 그 어느 것보다도 우리의 관념을 가장 정확하게 알고 있다. 그렇다면 이렇게 명확하게 알고 있는 부분에 대해서도 내적인 *강제*를 이유로 또 어떤 연관성을 만들어내야 하는가? 만약 내가 결합할 것의 본성을 단순히 아는 데 그치지 않고 철두철미하게 알고, 따라서 내가 그 본성을 놓치지 않는다면, 나는 무엇을 위해 그런 강제가 필요한가? 우리가 가진 모든 관념의 작용이 완수되는 근거는 관념 본질의 통찰일 뿐, 그 강제가 제시하는 것이 아니다. 그런 강제는 사유의 본성에 모순된다.

사유가 자신을 현상으로 드러나게 할 때 동시에 자신의 내용을 그 현상에 각인하는 것이 사유의 본질이기는 하지만, 그럼에도 우리가 사유의 내용을 우리 정신의 유기조직에 힘입어 직접적으로 지각할 수는 없다고 말할 수는 있다. 그러나 사정은 그렇지 않다. 관념의 내용이 우리에게 등장하는 방식은 우리가 여기서 *사태의 본질*을 알게 된다는 것을 우리에게 보증한다. 우리는 우리의 정신과 함께 관념 세계의 내부에서 일어나는 모든 사건을 동행한다는 점을 충분히 의식하고 있다. 사람들은 현상의 형식이 사태의 본질에 좌우된다고 생각하면 된다. 만약 우리가 사태의 본질을 알지 못한다면, 어떻게 현상의 형식을 사후적으로 *만들어낼* 수 있단 말인가? 사람들은 현상의 형식이 이미 완성된 전체로서 우리 앞에 *있어서* 우리가 현상의 형식에서 그 핵심을 찾으려 한다고 생각할 수는 있다. 그러나 사람들이 생각할 수 없는 견해는, 그 핵심부터 영향을 미치지 않고서도 현상의 산출에 동참한다고 생각하는 것이다.

10. 사유의 내적 본성

우리는 사유에 한 발짝 더 접근한다. 지금까지 우리는 사유의 위치를 여타의 경험세계와 관련해서 고찰해왔다. 우리가 도달하게 된 견해는, 사유가 경험세계 내에서 완전히 우월한 지위를 차지하고 *중심적인 역할*을 수행한다는 점이다. 이제 우리는 이 견해를 건너뛰고, 단지 사유의 내적 본성에 한정하여 논하고자 한다. 우리는 관념이 어떻게 *다른 것*에 의존하는지, 관념들이 상호적으로 병존할 수 있는지를 경험하기 위해, 관념 세계의 독자적인 성격을 탐구하고자 한다. 그래야만 다음과 같은 물음에 대해 해명할 수 있는 수단이 우리에게 주어질 것이다. *인식*이란 도대체 무엇인가? 달리 말하면, 현실에 대해 사유한다는 말은 어떤 의미인가? 사유를 통해 세계에 관해 논의하려 든다는 것은 무엇을 뜻하는가?

여기서 우리는 이미 마련된 모든 의견에서 자유로워야 한다. 개념(관념)이 우리 의식 *내부*에 있는 하나의 상이며 그 상을 통해 우리가 개념 *외부*에 놓여 있는 대상에 관한 해명을 얻는다고 전제한다면, 이 또한 미리 마련된 의견일 것이다. 이 전제나 이와 유사한 전제들은 여기서 논의의 대상이 아니다. 우리는 우리가 발견하는 관념을 있는 그대로 수용한다. 우리는 그 관념이 다른 어떤 관념과 관계가 있는지, 그리고 그것이 어떤 관계인지를 탐구하려는 것이다. 따라서 미리 마련된 의견을 여기서 출발점으로 설정해서는 안 된다. 개념과 대상의 관계에 대한 관점은 매우 흔하다. 사람들은 종종 개념을 정신의 외부에 놓여 있는 정신의 대립상으로 정의한다. 개념은 사물을 모사하여 그 사물에 충실한 사진을 우리에게 전달하는 것이어야 한다고들 한다. 또한, 사유에 관해 말할 때 사람들은 일반적으로 이렇게 전제된 관계에 대해서만 생각한다. 사람들은 자기만의 영역 안에 있는 관념의 나라를 두루 다니며 거기서 어떤 일이 일어나는지 살펴보아야 한다는 것을 거의 생각하지 못한다.

우리는 마치 관념의 나라 경계를 벗어나면 어떤 것도 존재하지 않는 듯 여기며, 그리고 사유가 현실의 전부일 것이라고 여기며, 이 관념의 나라를 탐구하고자 한다. 우리는 당분간 이 세상에서 관념을 제외한 모든 것을 없다고 간주하려 한다.

칸트에 근거하고 있는 인식론의 시도들 속에서 이 점에 눈을 돌리지 않은 것은 학문으로서는 불운이 되었다. 이러한 방기는 이 학문 분야가 우리의 방향과는 완전히 다른 쪽으로 방향을 잡는 계기가 되었다. 이 학문 방향으로는 그 전체적인 본성으로 인해 괴테를 전혀 파악할 수 없다. 관찰 중에 발견하지 않고 자신을 관찰된 것 속으로 투입한다는 주장을 출발점으로 삼는 것은 글자 그대로 괴테적인 방식이 전혀 *아니다*. 사람들이 사유와 현실, 이념과 세계 사이에는 암묵적인 관계가 있다는 견해를 학문의 정점에 세울 때 그런 일이 생긴다. 사람들이 사유의 고유한 본성 자체에 침잠한 뒤 그로부터 어떤 관계가 발생하는지를 관찰한다면, 그리고 그런 다음 *자신의* 본질에 상응하도록 인식된 사유를 경험과 관계되도록 한다면, 그것이야말로 사람들이 괴테가 의미하는 바대로 학문을 행하는 것이 된다.

괴테는 가장 엄밀한 의미에서 모든 면으로 경험의 도정을 걷는다. 그는 먼저 객체들을 있는 그대로 취하고, 모든 주관적인 의견을 철두철미하게 배제하는 가운데 객체들의 본성을 꿰뚫어 보려 시도한다. 그런 다음 그는 객체들이 상호작용을 시작할 수 있는 조건들을 설정하고, 그로부터 무엇이 도출되는지 기다린다. 괴테는 자연으로 하여금 자연의 합법칙성이 무엇보다 괴테 자신이 설정한 특별한 환경에서 효력을 발휘하도록 만들 기회를, 그리고 동시에 자연이 자연법칙 자체를 밝힐 기회를 부여하고자 한다.

우리의 사유는 그 *자체*로 보아 어떻게 우리에게 나타나는가? 사유에는 대단히 다양한 방식으로 서로 얽히고 유기적으로 결합된 관념의 *다수성多數性, Vielheit*이 있다. 그런데 우리가 이 다수성을 모든 측면에서 충분히 꿰뚫고 있다면, 이 다수성은 동시에 통일과 조화를 이룬다. 모든 부분은 서로 연관되고 서로를 위하여 존립한다. 한 부분이 다른 부분에 변화를 초래하거나 제한하는 일이 이어진다. 우리의 정신이 이런 종류의 두 가지 *상응하는* 관념을 떠올리면, 우리의 정신은 즉시 두 관념이 본래 서로 섞여 들어 하나가 된다는 점을 알아차린다. 정신은 자기 관념의 영역 도처에서 서로에게 속하는 것들을 발견한다. 어느 개념은 다른 어느 개념에 연결되고, 제3의 개념은 제4의 개념을 해명하거나 그것을 근거로 삼는다는 식이다. 예를 들면, 우리 의식 속에서 우리는 "유기체"라는 관념 내용을 발견한다. 표상 세계를 철저하게 조사해보면 우리는 두 번째로 "합법칙적인 전개, 즉 성장"을 발견하게 된다. 이때 곧바로 확실해지는 것은, 이 두 가지 관념 내용이 서로에게 속한다는 점, 그리고 이 두 관념 내용이 단순히 하나이자 동일한 사물의 두 측면을 보여준다는 점이다. 우리의 전체 관념 체계가 그런 사정이다. 모든 개별 관념은 우리가 개념 세계라고 부르는 거대한 전체의 부분들이다.

어떤 *개별* 관념이 의식에 등장하면, 그 관념이 나의 여타의 사유와 조화를 이루기 전까지 나는 가만히 있을 수가 없다. 나의 정신적인 세계와 동떨어져 있는 무관한 개념이 나로서는 도무지 견딜 수 없는 것이다. 나는 모든 관념이 내적으로 조화를 이룬다는 사실, 그리고 관념 세계가 하나의 통일된 세계라는 점을 의식하고 있으니 말이다. 그런 까닭에 우리에게 그런 분리는 비자연적인 것이자 비진리이다.

우리의 전체 관념 세계가 완전하고 내적인 일치를 이루는 성격을 지닌다는 것까지를 우리가 통찰했다면, 이 완전하고 내적인 일치는 우리의 정신이 요구하는 만족을 우리에게 제공한다. *그러면 우리는 진리를 소유하고 있다고 느끼게 된다.*

우리가 가진 모든 개념이 이루는 조화 속에서 진리를 보고 있노라면, 다음과 같은 물음이 쇄도한다. 우리 눈에 보이는 모든 현실과 감각적 현상의 세계를 제외한다 해도 사유는 무언가 내용을 갖는다는 말인가? 만약 우리가 감각의 내용물을 모두 제쳐두고 사유한다면, 거기에는 완전한 공백, 전적인 환영만 남지 않겠는가?

이 두 번째 물음의 경우라면, 널리 퍼져 있는 의견일 수 있으므로 우리는 조금 더 자세하게 고찰해야 할 것이다. 이미 앞에서 언급했다시피, 사람들은 전체 개념 체계를 외부 세계의 사진으로서만 생각하는 경우가 훨씬 많다. 사람들은 우리의 지식이 사유라는 ^{형식}으로 전개된다는 것은 확신하고 있지만, 그 내용을 오로지 외부로부터 취하는 "철저히 객관적인 학문"을 요구한다. 외부 세계는 우리의 개념 안으로 유입될 재료를 제공해야 하며, 외부 세계로부터 유입되는 재료 없이는 개념들은 내용이 전혀 없는 공허한 도식이 될 것이다. 외부 세계가 배제된다면, 개념과 관념은 어떤 의미도 지닐 수 없을 것이다. 개념과 관념은 모두 외부 세계를 위해 있는 것이기 때문이다.

사람들은 이 견해를 개념에 대한 부정이라고 칭할 수 있을 것이다. 왜냐하면 그럴 경우 개념은 객관성에 대해서 더 이상 어떤 의미도 지닐 수 없기 때문이다. 개념은 객관성에 뒤따라 *덧붙여지는 것이다*. 개념이 없더라도 세계는 완전성을 갖춘 채 현존하게 될 것이다. 왜냐하면 개념은 어떤 새로운 것도 세계에 보태지 않기 때문이다. 개념 없이 현존할 수 없는 것이라면 그 어떤 것도 개념의 내용이 되지 않는다. 개념들이 있는 이유는, 인식의 주체가 *이미 존재하는 것*을 자신에게 적합한 형식으로 사용하려고 하기 때문이다. 개념은 *비개념적* 성질인 내용을 인식하는 주체에게 매개하는 수단일 따름이다. 이것이 우리가 끌어들인 관점이다.

만약 이 관점이 근거를 갖는 것이라면, 아래의 세 가지 전제 가운데 하나는 타당해야만 할 것이다.

1. 개념 세계와 외부 세계는, 전자가 후자의 전체 내용을 단지 다른 형식으로 재현할 뿐이라는 관계를 갖는다. 이때 외부 세계란 감각 세계를 가리킨다. 이렇게 외부 세계가 감각 세계로 한정된다면, 사람들은 감각 세계보다 고차적인 세계를 지향할 그 어떤 필연성이 있는지를 도무지 통찰할 수 없을 것이다. 그런데 사람들은 이미 감각 세계를 다루는 인식의 핵심을 제시했다.

2. 개념 세계는 "감각에 나타나는 현상"의 일부만을 자신의 내용으로 수용한다. 우리가 어떤 사실을 사유하는 과정은 대략 이렇다.

우리는 일련의 관찰을 수행한다. 그 관찰에서 우리는 대단히 다양한 객체들을 만난다. 그 과정에서 우리는 우리가 하나의 대상에서 발견하는 특징들이 이전에 우리에 의해 관찰된 것임을 알게 된다. 우리의 눈은 A, B, C, D 등으로 이어지는 일련의 대상을 꼼꼼히 살필 것이다. 그러면 A는 p q a r라는 특징을, B는 l m b n이라는 특징을, C는 k h c g라는 특징을, D는 p n a v라는 특징을 가질 것이다. 그러면 우리는 이미 A에서 발견했던 특징 a와 p를 D에서 다시 발견한다. 이렇게 A와 D에서 동시에 만나는 특징을 우리는 본질적인 특징이라고 부른다. 그리고 본질적인 특징을 공유하는 A와 D를 동종이라고 부른다. 사유 안에서 동종인 이 둘의 본질적인 특징을 확인하는 가운데 우리는 A와 D를 통합한다. 바로 이 지점에서 우리는 감각 세계 안에 온전히 포괄되지 않는 사유를 갖게 된다. 그러니까 앞에서 쓸모 없는 것이라고, 감각 세계에 새로운 것을 하나도 부여하지 않는다고 한 비난은 사유에 해당하지 않는다. 이에 반해 무엇보다 언급되어야 할 것은, 어느 사물에서 어떤 특성이 본질적인지 인식하려면 본질적인 것과 비본질적인 것을 구별하도록 해주는 어떤 *기준*도 있어야 한다. 이 기준은 객체 안에 마련되어 있을 수 없다. 객체는 나뉘지 않은 통일성 안에 본질적인 것과 비본질적인 것을 가지고 있기 때문이다. 따라서 이 기준은 우리 사유의 고유한 내용이어야 할 것이다.

그러나 이 반론은 아직 위의 견해를 뒤집지는 못한다. 한 사물에 대해서 이러 저러한 것이 본질에 더 가깝다거나 본질에서 더 멀다고

하는 것은 정당화될 수 없는 가정일 따름이라고 말할 수도 있기 때문이다. 그것은 우리에게 상관없는 일이기도 하다. 다만 중요한 것은, 우리가 다수의 사물에서 동일한 특성을 발견하고는 그렇게 동일한 특성을 공유하는 사물들을 동종이라고 *부른다*는 점이다. 이때 이런 동일한 특성이 또한 본질적인 특성인지 아닌지는 전혀 중요하지 않다. 이상의 견해에는 전혀 적절하지 않은 것이 전제되어 있다. *만약 사람들이 감각 경험에 머무는 경우, 같은 종에 속하는 두 사물 속에서 실제로 공통적이라고 여겨지는 것은 아무것도 없다.* 이런 사실을 명백하게 보여주는 예가 있다. 가장 단순한 것이 자신의 전체 모습을 가장 잘 드러내므로, 가장 단순한 것이 최상의 것이다. 다음 두 삼각형을 관찰해보자.

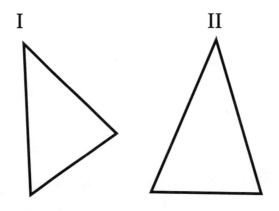

사람들이 감각 경험에 머무른다면, 이 삼각형들은 실제로 어떤 공통점이 있는가? 이것들은 공통점이 전혀 없다. 두 삼각형의 공통점, 즉 두 삼각형을 이루는 법칙, 그리고 이 두 삼각형으로 하여금 "삼각

형"이라는 개념에 부합하도록 하는 법칙은 우리가 감각 경험을 넘어서야 비로소 획득된다. "삼각형"이라는 개념은 모든 삼각형을 포함한다. 모든 *개별적인 삼각형을 단순하게 관찰한다고 해서 삼각형이라는 개념을 갖게 되는 것은 아니다.* 동일한 "삼각형"을 두 번 보는 일은 거의 없을 테지만, 삼각형이라는 개념을 아무리 여러 번 표상한다고 해도, 이 개념은 항상 동일한 것으로 남는다. 다른 어떤 삼각형과도 구별되는 어느 삼각형의 유일무이한 형태는 삼각형이라는 개념과는 아무런 관계도 없다. 어느 특정한 삼각형이 바로 그 특정한 삼각형이 된 것은 그것이 삼각형이라는 개념에 상응하기 때문이 아니라, 변의 길이, 각의 크기, 위치처럼 온전히 개념의 외부에 놓여 있는 요소들 때문이다. 이 삼각형이라는 *개념*의 내용이 어느 경우에도 감각적인 현상에 포함되지 않는다는 점을 통찰한다면, "삼각형"이라는 개념의 내용이 객관적인 감각 세계로부터 차용된 것이라는 주장은 매우 불합리하다.

3. 세 번째 것은 아직 가능하다. 즉, 개념은 감각적으로 지각할 수 없지만 자기 자신에 근거하는 성격을 가진 본질들을 파악하도록 해주는 매개일 수 있다는 것이다. 그 경우 자기 자신에 근거하는 성격은 우리 사유의 *개념적인 형식*에 들어 있는 *비개념적인 내용*이 된다. 이렇게 경험의 피안에 있는 본질을 수용해서 우리에게 그 본질에 대한 지식이 가능하다고 말하는 사람은 필연적으로 개념 속에서 그 지식의 해석자를 보는 것임에 틀림없다.

우리는 특히 이 견해의 불충분함을 논증하고자 한다. 여기서 주의를 기울여야 할 것은, 그런 견해가 아무튼 개념 세계의 내용적인 것을 부정하는 어떤 것도 말하지 않는다는 사실이다. 사유되는 대상들이 모든 경험의 피안, 사유의 피안에 놓여 있다면, 사유는 더더욱 사유가 근거하고 있는 내용을 자신의 내부에 가져야만 하기 때문이다. 관념 세계의 내부에서 어떤 흔적도 발견되지 않는 대상들에 대해서는 사유란 불가능할 것이다.

결국 어느 경우에나 확실한 것은, 사유는 내용이 텅 빈 그릇이 아니라 그 자체로만 보아 내용으로 가득 차 있으며, 사유의 내용이 다른 현상 형식을 가진 내용과 일치하지 않는다는 사실이다.

D

학문

11. 사유와 지각

학문은 우리가 지각한 현실에 우리의 의식이 파악하고 철저히 탐구한 개념들이 스며들게 한다. 학문은 수동적으로 수용된 것을 보완하고 심화하는데, 이는 우리 정신의 활동에 의해 순전한 가능성이라는 어둠으로부터 현실의 빛 속으로 끌어 올려진 것을 통해서 이루어진다. 이런 과정에 전제되는 것은, 지각은 정신을 통한 보완이 필요하다는 점, 또한 지각은 궁극적이거나 최종적이거나 완결된 것이 결코 아니라는 점이다.

근대 학문이 감각 지각을 이미 완결된 것, 확고한 것으로 간주한다는 점은 근대 학문의 근본적인 오류다. 그런 오류로 인해 근대 학문은 그 자체로 완결된 존재를 단순하게 복제하는 것을 과제로 설정한다. 이런 관점에서 보아 유일하게 일관된 입장을 유지하기로는, 지각을 넘어서려는 모든 시도를 거부하는 실증주의가 유일할 것이다. 그럼에도 사람들은 오늘날 거의 모든 학문에서 감각 지각을 완결된 것으로 여기는 입장을 정당한 것으로 간주하려는 경향을 보게 된다. 그런 입장은 그야말로 공간 안에 나란히 존재하는 사물들과 시간적으로 연쇄하여 일어나는 사건들을 단순하게 열거하고 기술하는 학문에나 적합할 것이다. 낡은 방식의 자연사가 이런 요구에 가장 근접해 있다. 근래의 자연사도 실증적인 부분을 요구하기는 한다. 그러나 새로운 자연사가 실제 학문에서 최초의 행보를 시도할 때 경험에 관한 완전한 이론을 세우는 것은 그 경험을 곧바로 극복하기 위한 것이다.

만약 우리가 순수한 경험에 매달리고자 한다면, 우리는 사유를 완전히 포기해야만 할 것이다. 사람들이 감각이 접근할 수 없는 본질을 자기 자신 안에서 지각할 가능성을 사유로부터 배제한다면, 이는 사유의 가치를 깎아내리는 것이다. 현실에서는 감각의 성질들 외에도 사유에 의해 파악되는 요소가 있어야 한다. 사유는 감각이 지각할 수 있는 것보다 더 고차적인 것을 관찰하는 데 쓰이도록 되어 있는 인간의 기관이다. *한갓 감각이라는 실체는 결코 경험하지 못할 현실의 저 고차적인 측면이 사유에서는 접근 가능하다.* 여기서는 감각을 반추하는 것이 아니라 이 감각을 뚫고 들어가 그 안에 숨겨져 있는 것에 도달하는 것이 중요하다. 감각 지각은 현실의 한 가지 측면만을 제시한다. 현실의 다른 측면은 사유를 통해 파악하는 세계다. 이제 우리 시야에 처음으로 들어오는 것은 지각과는 전혀 이질적인 사유다. 지각은 외부에서 우리 안으로 들어온다. 그에 비해 사유는 우리 내면을 바탕으로 만들어진다. 사유의 내용은 내적으로 완전한 유기체로서 우리에게 나타난다. 그래서 모든 것이 가장 엄격한 연관 속에 존재한다. 관념 체계를 구성하는 개별 부분들은 서로를 규정하며, 모든 개별 개념들은 우리의 총체적 관념체계 안에 자신의 뿌리를 둔다.

  얼핏 보면, 사유의 내적인 무모순성, 즉 사유의 자족성이 지각으로의 이행을 불가능하게 만드는 것 같을 수도 있다. 만약 사람들이 사유의 규정들을 한 가지 방식으로만 만족시킬 수 있다면, 정말 사유는 그 자체로 완결된 것이라 해야 할 것이며, 우리는 그런 견해를 벗어날 수 없게 될 것이다. 하지만 사정은 그렇지 않다. 이 규정들을 만족시키는 방식은 다양하다. 다만 이런 다양성을 불러일으키는 요소를 사유 *내부에서* 찾으려 해서는 안 된다. 지구는 모든 물체를 끌어당긴다는 관념 규정을 예로 들어보자. 그러면 우리는 즉시 관념이 대단히 다양한 방식으로 충족될 가능성을 열어 놓는다는 사실을 알게 된다. 그러나 이런 다양한 방식들은 사유로는 실현할 수 없다. 그래서 다른 요소가 필요해지는 것이다. 이 다른 요소란 바로 감각 지각으로, 그 자신으로는 열어 둘 수 없는 관념 규정을 특수화하는 방식을 제공한다.

  우리가 단순히 현상을 이용할 경우, 이 특수화를 통해 우리는 세계를 만난다. 실제로는 무엇으로부터 도출된 것인데도 심리학적으로는 최초의 것이 된다.

  현실에 대한 모든 학문적인 검토에서 이루어지는 과정은 다음과 같다. 우리는 구체적인 지각에 다가간다. 지각은 마치 수수께끼처럼 우리 앞에 있다. 우리 안에서 지각의 본래적인 그 무엇, 즉 지각 자체가 말하지 않는 지각의 본질을 탐구하려는 욕구가 등장한다. 이 욕구는 우리 의식의 어둠을 뚫고 애써 등장한 개념이기도 하다. 그러면 우리는 감각 지각이 이 사유 과정과 나란히 진행되는 동안 이 개념을 꼭 붙들게 된다. 모호하던 지각이 갑자기 우리에게 이해 가능한 언어로 말한다. 이제 우리는 우리가 붙잡은 개념이 우리가 찾고 있던 지각의 본질이라는 점을 인식한다.

여기서 완수된 것은 하나의 판단이다. 이 판단은 지각을 고려하지 않은 채 두 개념을 결합하는 형태의 판단과는 다른 판단이다. 만약 내가 자유는 자기 자신으로부터 나오는 본질 규정이라고 말한다면, 나는 한 가지 판단을 내린 것이다. 이 판단의 각 부분들은 내가 지각하는 가운데 내놓은 개념들이 아니다. 우리 사유의 내적인 통일성은 그런 판단들에 기초한다. 이전 장에서 우리는 그 통일성을 다룬 바 있다.

여기서 우리가 고찰하는 판단은 지각을 주어로, 개념을 술어로 갖는다. 내가 눈앞에서 보고 있는 이 특정한 동물은 개다. 이 판단에서 지각은 특정 장소에서 나의 관념 체계 안에 있는 특정 장소로 편입된다. 이런 판단을 우리는 *지각판단*Wahrnehmungsurteil이라 부른다.

지각판단을 통해 우리는 특정한 감각적 대상이 그 본질에 따라 특정 개념과 일치한다는 점을 인식한다.

그러므로 우리가 지각하는 것을 개념으로 파악하려 할 경우, 이 지각은 특정 개념으로서 우리 안에 *미리 마련되어 있어야* 한다. 그런 일이 불가능한 대상이라면, 우리는 그 대상을 이해하지 못하고 지나쳐 간다.

사실이 그러하다는 점에 대해서는 다음의 상황이 최상의 증명을 제시할 수도 있다. 즉, 풍성한 정신의 삶을 사는 사람들이 그렇지 못한 사람들에 비해 경험 세계에도 훨씬 깊이 천착한다는 것이다. 두번째 부류의 사람들이 이해하지 못하고 흘려 보내는 많은 것들이 첫번째 부류의 사람들에게는 깊은 인상을 준다. ("눈이 태양에 걸맞지 않다면, 그 눈은 결코 태양을 볼 수 없다.") 그러나 물론 이렇게 말하는 사람들도 있을 것이다. 우리가 사는 동안에는 이전에는 개념적으로 조금도 몰랐던 사물들을 무수히 만나는데, 그때마다 우리는 그런 대상들에 대한 개념을 적재적소에서 금방 만들지 않는가? 물론 그렇다. 그러나 가능한 모든 개념의 총합은 과연 내가 지금까지 살면서 형성했던 개념의 총합과 일치하는가? 나의 개념 체계는 발전의 능력을 갖추지 못했는가?

내가 이해 불가능한 현실을 만날 때 즉시 나의 사유를 작동시켜 어떤 대상에 상응하는 개념을 적재적소에서 전개할 수 있지 않은가? 이때 나에게 요구되는 유일한 능력은 관념 세계에 마련되어 있는 특정 개념을 이끌어내는 것이다. 특정 관념이 내가 사는 동안 이미 의식되었다는 점이 중요한 것이 아니라, 그 관념이 내가 접근할 수 있는 관념 세계로부터 도출된다는 점이 중요할 따름이다. 언제 어디서 내가 그 관념을 파악했는가 하는 것은 관념의 내용에 대해서는 비본질적이다. 내가 관념의 모든 규정들을 확실하게 관념 세계로부터 도출한다는 사실이 중요하다. 감각의 대상으로부터는 그 어떤 것도 이 관념의 내용 안으로 흘러 들어오지 않는다. 나는 나의 내면으로부터 취하는 관념을 감각 대상 속에서 *다시* 인식할 뿐이다. 이 대상은 나로 하여금 특정한 순간에 관념의 내용을 가능한 관념의 총체로부터 방출하도록 만든다. 하지만 그 대상은 나에게 관념을 구성할 어떤 재료도 제공하지 않는다. 관념을 구성할 재료는 나 스스로에게서 가져와야 한다.

우리가 우리의 사유를 작동시킬 경우, 현실은 비로소 참된 규정들을 얻게 된다. 그러면 이전에는 침묵했던 현실이 분명한 언어로 발언하는 것이다.

우리의 사유는 경험의 몸짓을 이해하는 해석자다.

사람들은 개념 세계를 공허하고 내용이 결여된 세계로 간주하는 반면, 지각을 내용이 충만하고 철저히 규정된 것으로 간주하는 데 익숙해 있다. 그래서 참된 개념은 실제에 비해서 자신에 상응하는 위치를 획득하기가 어려워지게 된다. 사람들이 완전히 간과하는 사실은, 사유의 대상일 뿐인 것을 그저 직관하는 것은 가장 공허한 것이고, 직관은 모든 내용을 사유로부터 비로소 얻어낸다는 점이다. 대상에서 유일하게 참된 사실은 그것이 항상 유동적인 관념을 특정한 형식 안에서 포착한다는 것인데, 우리는 이 과정에 적극적으로 개입할 필요가 없다. 영혼의 활동이 풍부한 누군가가 정신적으로 빈곤한 자들에게는 보이지 않는 수천 가지 사물을 본다면, 이는 현실의 *내용*이란 단지 우리 정신의 내용이 반영된 것일 따름이며 우리는 외부 세계로부터 다만 공허한 형식만을 수용한다는 점을 명백하게 증명하는 것이다. 물론 우리는 스스로를 이런 내용의 산출자로 인식할 수 있는 힘을 우리 안에 가져야만 한다. 그렇지 않다면 우리는 영원히 반영된 상만을 볼 뿐, 자신을 반영하는 우리의 정신을 보지 못하게 된다. 또, 실제의 거울 속에 비친 자기 보습을 보는 사람이 그 상 속에서 자신을 *다시* 알아볼 수 있으려면, 그는 자신을 인물로 인식해야 한다.

모든 감각 지각은 본질에 있어서는 결국 관념적인 내용 안으로 녹아든다. 그러면 감각 지각은 비로소 우리에게 투명하고 분명하게 나타난다. 학문들은 진리의 의식에 접촉조차 하지 못했다. 사람들은 관념 규정을 여전히 색채, 냄새 등 대상들의 특징으로 간주한다. 그리하여 사람들은 그 규정이 모든 물체의 속성이라고 믿고 있다. 즉, 운동이나 정지 상태에 있는 물체는 외부의 영향이 그 상태를 변화시킬 때까지 원래의 상태를 지속한다는 것이다. 이 형식으로 자연에 관한 이론 안에 등장한 것이 바로 관성의 법칙이다. 참된 사실은 이와는 전혀 다르다. 나의 개념 체계 속에서 물체라는 관념은 많은 변양으로 존립한다. 그중 하나의 변양은 자기 스스로 정지하거나 운동할 수 있는 사물이라는 관념이며, 다른 하나의 변양은 외적인 영향에 따라서만 자신의 상태를 변화시키는 물체 개념이다. 나는 후자의 물체를 비유기적인 물체라 표현한다. 위에서 제시한 나의 개념 규정을 지각 속에서 나에게 비추어주는 어떤 물체가 등장할 경우, 나는 그 물체를 비유기적인 것으로 표현함과 동시에 *비유기적인 물체 개념*으로부터 추론되는 모든 규정을 그 물체에 연결한다.

따라서 모든 학문에 관철되어야 하는 확신은 이렇다. 즉, 학문의 내용은 결국 관념의 내용이며, 학문은 지각의 대상 안에서 개념의

특별한 형식을 보는 것 말고는 어떤 방식으로도 지각과 연결되어서
는 안 된다는 것이다.

12. 지성과 이성

우리의 사유가 완수해야 할 과제는 두 가지다. 첫째, 선명한 윤곽
을 가진 개념들을 창출해야 한다. 둘째, 그렇게 창출된 개별 개념을
하나의 통일적인 전체로 묶는 일이다. 첫 번째 과제는 사물들을 구
분하는 활동이며, 두 번째 과제는 결합하는 활동이다. 학문들은 정
신의 이 두 가지 경향을 똑같이 중요하게 다루지 않는다. 구분하는
과정에서 가장 미세한 부분까지 파고 들어가는 예리함을 지닌 사람
은 본질의 심층까지 침투하는 사유의 결합하는 힘을 가진 사람보다
그 수가 훨씬 더 많다.

오랫동안 사람들은 학문의 과제를 오로지 사물을 정확하게 구분
하는 활동 안에 있는 것으로 여겨 찾아 헤맸다. 이는 괴테가 자연사
를 발견한 상황만 생각해도 알 수 있다. 린네Carl von Linné의 업적으
로 인해, 자연사에서는 가장 미세한 특징들을 이용할 수 있기 위해
식물 개체들 사이의 정확한 차이를 찾는 것, 새로운 종들과 그 하위
의 종들을 제시하는 것을 이상으로 삼았다. 그래서 동물이나 식물에
서 두 가지 개체 사이에 전혀 중요하지 않은 차이점이라도 발견되
면, 그 개체들은 서로 다른 두 종으로 분류되었다. 지금껏 어떤 종으
로 분류해왔던 생명체에서, 자의적으로 설정된 종의 특성과는 다른
편차를 예기치 않게 발견하면, 사람들은 종의 특성을 벗어나는 그런

일탈이 어떻게 설명될 수 있을지를 깊이 생각하지 않은 채 간단히 새로운 종을 설정하기만 했다.

이 구분은 지성Verstand의 과제다. 사물들을 구분하고, 그 개념을 구분 안에 위치시키는 것이 지성이 할 일인 것이다. 지성은 모든 고차적인 학문에 반드시 있어야 하는 필수적인 사전 단계다. 우리가 개념들의 조화를 추구할 수 있으려면, 먼저 무엇보다 확고하게 규정된 개념, 분명한 윤곽을 가진 개념들이 필요하다. 그러나 우리는 그런 구분에 머물러 있어서는 안 된다. 조화로운 통일 속에서 사물을 보는 것이 인류의 본질적인 욕구이지만, 지성에 있어서는 사물들은 분리되어 있다. 지성에게는 원인과 결과, 기계적 조직과 유기체적 조직, 자유와 필연, 관념과 현실, 정신과 자연처럼 모든 것이 분리되어 있다. 이 모든 구분은 지성에 의해 이루어졌다. 모든 것이 그런 식으로 구분되지 않는다면 세계는 우리에게 희미하고 어두운 무질서인 것으로 나타나게 될 것이다. 그리고 그런 무질서는 *우리에게는 전혀 규정되지 않았다는 이유만으로* 하나의 통일체가 될 것이니, 그 모든 구분은 반드시 이루어져야 하는 일이다.

지성 자체는 이 분리된 상태를 벗어날 수 없다. 지성은 분리된 부분들을 확고히 붙잡고 있기 때문이다.

이런 분리를 극복하는 것은 이성Vernunft의 과제다. 이성은 지성에 의해 창출된 개념들이 서로 내적으로 섞여 들게 한다. 이성은 지성이 엄밀한 구분 속에서 포착한 것이 다름아닌 내적 통일성이라는 점을 제시해야 한다. 이 분리는 인위적으로 도출된 것이고 우리 인식을 위한 필수적인 통과지점일 뿐, 인식의 완결은 아니다. 현실을 지성에 걸맞게만 파악하는 사람은 현실에서 멀어진다. 그런 사람은 실제로는 *하나의 통일된 전체인 현실*의 자리에 인위적인 다수성, 다양성을 세우는데, 다양성은 현실의 본질과는 아무런 상관이 없다.

이에 따라 분열이 생기는데, 지성에 맞추어 움직이는 학문이 인간의 감정을 동반하고 이 분열의 틈새를 비집고 들어온다. 자신들의 사유를 충분히 수련하지 못해서 개념적으로 명료하게 파악한 통일적인 세계관을 전개하지 못한 많은 사람들조차도, 세계 전체가 이루고 있는 내적인 조화를 감정을 통해 통찰할 능력이 있다. 학문적으로 도야된 사람들에게 이성이 제공하는 것을, 그들에게는 감정이 제시한다.

세계에 대한 지성의 견해가 그런 사람들에게 접근하면, 그들은 무한한 다수성을 경멸하면서 거부하고, 자신들이 인식할 수는 없으나 다소간에 생동적으로 느끼는 통일성을 고수한다. 그들은 지성이 자연을 벗어나 있음을, 또 지성이 현실을 구성하는 부분들을 결합하는 정신적 유대를 놓치고 있음을 정확하게 통찰한다.

이성은 우리를 현실로 돌아오게 한다. 이전에 *느꼈거나* 아니면 희미하게나마 *예견했던* 모든 존재의 통일성은 이성에 의해 완전하게 조망된다. 지성의 견해는 이성의 견해를 통해 심화되어야 한다. 지성의 견해가 필수적인 통과지점이 아니라 목적 자체로 간주된다면, 지성의 관점은 현실이 아니라 현실의 일그러진 그림만 제공한다.

그런 왜곡된 상은 지성이 산출한 관념을 결합하는 것을 어렵게 한다. 이런 사실을 학문들의 역사는 우리에게 다양하게 증명해 보인다. 종종 우리는 지성에 의해 산출된 차이들을 넘어서려는 인간 정신의 노력을 목도한다.

세계에 대한 이성의 견해로 보면, 인간은 세계 안에서 분리되지 않은 단일성을 유지한다.

칸트는 이미 지성과 이성의 분리를 지적했다. 칸트는 이성을 이념을 지각할 수 있는 능력이라고 표현한다. 이에 반해 지성의 능력은 세계를 개략적으로, 그리고 개별화하여 보는 것으로 한정된다.

이성은 실제로 이념을 지각하는 능력이다. 우리는 여기서 지금까지는 주의를 기울이지 못했던 개념과 이념의 구분을 명확히 해야 한다. 지금까지의 목적들에서는 개념과 이념 안에 살아 숨 쉬는, 관념에 해당하는 것의 성질들을 찾아내는 일이 무엇보다 중요했다. 개념은 지성이 포착하는 개별적인 관념이다. 만약 내가 그런 개별 관념들의 다수를 생동하는 흐름 안으로 가져와서 그 관념들이 서로 내적으로 섞여 들고 결합하도록 한다면, 관념적인 형상들이 출현한다. 이 형상들은 이성을 위해서만 있는 것이므로 지성이 이들에 접근할 수는 없다. 이성을 위해 지성의 피조물들은 자신의 분리된 현존을 그만두고 총체성의 한 부분 이상인 것으로 살아간다. 이성에 의해 창출된 이 형상들이 곧 *이념*들이다.

이념이 지성 개념의 다수성을 다시 통일성으로 이끌어 들인다는 점은 칸트도 이미 말했다. 그럼에도 칸트는 이성을 통해 현상이 되는 형상을 인간 정신이 영원히 자신에게 잘못 투사하는, 단순히 기만적인 형상, 환상으로 치부했다. 왜냐하면 인간 정신은 그 자신에게는 결코 주어질 수 없음에도 불구하고 경험의 통일성이란 것을 영구히 지향하기 때문이라는 것이다. 칸트에 따르면, 이념들 안에서 창출되는 통일성은 객관적인 관계에 근거하지도, 사실 자체로부터 흘러나오지도 않으며, 우리가 질서를 우리 지식 안으로 끌어들일 때 기준이 되는 단순히 주관적인 규범에 지나지 않는다. 따라서 칸트는 이념들을 구성적인 원칙이 아니라 규제적인 원칙이라고 표현한다. 구성적인 원칙은 사실에 기준을 제공하는 것이라야 하지만, 규제적인 원칙은 우리 지식의 체계에 대해서 의미를 갖는다.

이념이 성립하는 방식을 생각해 보면, 이 견해는 금방 오류로 판명된다. 주관적인 이성이 통일성을 향한 욕구를 갖는다는 점은 어떤 경우에든 옳다. 하지만 이 욕구는 그 어떤 내용도 없이 공허한 통일성을 향한 노력일 뿐이다. 통일적인 자연에 전적으로 결여된 어떤 것이 그 욕구 앞에 나타나면, 욕구는 이 통일성을 자기 자신으로부터 스스로 산출할 수 없다. 이에 반해 내적인 조화 안으로 되돌려지는 것을 허용하는 다수성이 그 욕구 앞에 나타나면, 이 다수성은 통일성을 성취하게 된다. 그런 다수성이 바로 지성에 의해 창출된 개념 세계다.

이성은 규정된 통일성을 전제하지 않고, 통일성의 텅 빈 형식만을 전제한다. 만약 그런 통일성의 형식이 객체 자체 안에 놓여 있다면, 이 형식은 조화를 규명할 수 있는 능력이 된다. 개념들은 이성 자체 안에서 이념을 구성한다. 이성은 *지성 개념의 고차적인 통일성을 바*

같으로 드러내는데, 그 통일성을 지성이 자신의 형상들 안에 갖기는 하지만 통일성을 보지는 못한다. 이 점이 간과되었기 때문에, 여러 학문에서 이성을 적용하는 문제에서 많은 오해가 초래되었다.

모든 학문은 그 시초에서, 심지어 일상적인 사고에서도 적게라도 이성을 필요로 한다. 우리가 "모든 물체는 무게를 갖는다"는 판단에서 주어 개념과 술어 개념을 연결할 때, 이 두 개념의 결합은 이성이 아주 단순하게 활동한 것이다.

이성이 자신의 대상으로 삼는 통일성은 분명히 사유, 그리고 이성의 사용에 앞선다. 다만 그 통일성은 숨겨져 있고, 가능적으로만 현존하는 것이지 사실적인 현상은 아니다. 그래서 인간 정신은, 분리된 부분들을 이성에 적합하게 통합시키는 가운데 현실성을 완전하게 꿰뚫어볼 수 있기 위해 분리를 이끌어낸다.

이를 전제하지 않는 사람은 모든 관념의 결합을 주관 정신의 자의恣意로 간주하는 사람이거나, 혹은 우리가 체험하는 세계의 배후에 통일성이 놓여 있어서 그 통일성이 우리에게 알려지지 않은 방식으로 다양성을 통일성으로 다시 이끌어 들이라고 우리를 강제한다고 전제하고 있음에 틀림없다. 그렇게 된다면 우리는 아무런 통찰도 없이 관념을 우리가 산출하는 연관의 참된 근거와 결부시키게 된다. 그러면 진리는 우리가 인식하는 것이 아니라 외부로부터 우리에게 강요되는 것이 된다. 우리는 이런 전제로부터 출발하는 모든 학문을 독단적인 학문이라 부른다. 이에 관해서는 나중에 다시 살펴볼 것이다.

그런 학문적 견해는 어느 것이나, 우리가 왜 이러저러한 관념의 결합을 수행하는가에 대한 근거들을 제시해야만 할 경우에는 난관에 부딪히게 된다. 다시 말해, 그런 학문적 견해는 우리로서는 알 수 없는 객체들을 총괄하는 주관적 근거를 찾아 둘러보아야 한다. 주어 개념과 술어 개념의 동종성을 요구하는 사실이 개념의 경우들과 무관하다면, 나는 왜 판단을 수행하는가?

칸트는 이 물음을 자신의 비판 저술의 출발점에서 제기했다. 우리는 칸트의《순수이성 비판》도입부에서 이 물음을 발견한다. "선험적 종합판단들synthetische Urteile a priori은 어떻게 가능한가? 다시 말해, 어느 개념의 내용이 이미 다른 개념의 내용에 포함되지 않는다면, 그리고 판단이 한갓 경험판단 즉 유일한 사실의 확증이 아니라면, 내가 두 개념(주어, 술어)을 결합하는 것이 어떻게 가능한가?" 칸트는, 경험의 타당성Gültigkeit이 전제되어 있을 때만 그런 선험적 종합판단들이 가능할 것이라고 생각한다. 따라서 그런 판단의 수행에 기준이 되는 것은 경험 가능성이다. 만약 내가 이러저러한 선험적 종합판단이 참될 경우에만 비로소 경험이 가능하다고 말할 수 있다면, 그 경험은 타당성을 갖는다. 그러나 이것이 이념들 자체에는 적용될 수 없다. 칸트에 따르면, 이념들은 경험이 갖는 정도의 객관성도 갖지 못한다.

칸트는 수학과 순수자연과학의 명제들이 그런 *타당한* 선험적 종합명제라는 사실을 발견한다. 칸트는 7+5=12라는 명제를 예로 든다. 7과 5에는 12라는 합이 결코 포함되어 있지 않다고 칸트는 추론한다. 나는 7과 5를 넘어서서 *나의 직관*에 호소해야 하며, 그런 다음에 나는 12라는 개념을 발견한다. 나의 직관은 7+5=12라는 표상이 필연적임을 밝힌다. 그러나 내 경험의 객체들은 나의 직관을 매개로 하여 나에게 등장해야 하며, 따라서 경험 법칙들이 개입된다. 만약 경험이 가능한 것이라고 한다면 그 명제들도 타당해야 한다.

객관적인 숙고 앞에서는 이 완전히 인위적인 칸트의 관념적 구성물은 유지될 수 없다. 주어 개념 안에 나를 술어 개념으로 이끄는 근거가 하나도 없다는 생각은 불가능하다. 왜냐하면, 두 개념은 나의 지성에 의해, 그리고 그 자체로 통일성을 이루고 있는 사실에서 획득된 것이기 때문이다. 사람들은 여기서 착각하지 않아야 한다. 수의 토대가 되는 수학적 통일성은 첫 번째 것이 아니다. 첫 번째 것은 통일성이 여러 번 반복되어 만들어지는 크기다. 통일성에 대해 말하려면, 나는 하나의 크기를 전제해야만 한다. 통일성은 우리 지성이 만들어내는 형성물이다. 마치 지성은 원인으로부터 결과를, 특징으로부터 실체를, 그리고 그런 식으로 많은 것을 구분하는 것처럼 전체로부터 그 형성물을 분리해낸다. 이제 내가 7+5를 생각하는 동안, 나는 나의 관념 안에서 실제로 12개의 수학적 통일성을 단 한 번에 포착하지 않고 두 부분으로 나누어 포착한다. 만약 내가 수학적 통일성 전체를 단 한번에 생각해도 그것은 똑같다. 그리고 이런 동일성을 나는 7+5=12라는 판단 속에서 말한다. 칸트가 든 기하학 사례에서도 사정은 마찬가지다. 끝점 A와 B를 가진 직선은 통일성을 이루는 불가분의 한 단위다. 이로부터 나의 지성은 두 가지 개념을 형성한다. 한번은 지성이 직선을 방향으로 간주하고, 그 다음에는 직선을 A와 B 점 사이의 통로로 간주한다. 이로부터 직선은 두 점을 잇는 최단거리라는 판단이 나온다.

판단으로 편입되는 부분들이 개념인 한에서, 모든 판단은 지성이 분리했던 것을 다시 결합하는 것 이상이 될 수 없다. 사람들이 지성 개념들의 내용을 살펴보기만 하면, 그 연관관계는 즉시 분명해진다.

13. 인식

우리에게 현실은 경험과 사유라는 두 영역으로 나뉜다. 경험은 두 가지 점에서 고찰의 대상이 된다. 첫째, 사유 밖의 전체 현실이 경험의 형식 안에 등장해야 할 현상의 형식을 갖는 경우. 둘째, 사유가 우리 정신의 본성 안에 놓여 있는 경우. 이 경우 사유의 본질은 고찰 속에(즉 외부 세계를 향한 활동성에) 놓여 있어서, 관찰되어야 할 대상들이 사유의 영역으로, 다시 말해 경험에 적합한 방식으로, 사유를 향해 쇄도하는 것이다. 소여된 것의 이런 형식이 사태의 본질을 자체 내에서 포함하지는 않는다고 말할 수 있지만, 그렇다면 사태 자체는 이후에 지각을 넘어서는 정신의 활동에 본질을 제시하기 위해서 지각에서 최우선적으로 나타날 것을 요구한다. 또 하나의 가능성은, 직접적인 소여 속에 이미 본질이 놓여 있고, 만약 우리가 본질을 곧바로 인지하지 못할 경우 이 본질은 모든 것이 경험으로서 우리 본질 앞에 나타나야 한다는 두 번째 사정에 귀속될 수 있다는 것이다. 후자의 것은 사유의 경우이며, 첫 번째 것은 여타의 현실의 경우다. 사유에서는 우리가 사유를 그 핵심에서 파악할 수 있기 위해 우리의 주관적인 편견을 극복해야 한다는 점만 요구된다. 여타의 현실에서는 등장의 직접적인 형식을 해명하려면 그 형식이 이 극복되어야 한다는 *사태*의 근거가 객관적인 지각 안에 놓여 있지만, 사유에서는 그것이 오로지 우리 정신의 고유성에 기초한다. 저편에는 경험의 형식을 제시하는 사태 자체가 있고, 이편에는 우리 정신의 조직이 있다. 우리가 경험을 파악해 볼 경우, 저편에서는 우리가 아직 전체 사태를 갖지 못하지만, 이편에서는 전체 사태를 갖고 있다.

바로 이것이 학문, 즉 사유하는 인식이 극복해야 할 이원론의 근거가 되어 있다. 인간은 두 가지 세계를 마주하고 있으며, 이 두 세계의 연관관계를 산출해야 하는 것은 바로 이 인간이다. 그 중 하나의 세계는 우리가 그것이 단지 현실의 반쪽일 뿐이라는 점을 알고 있는 경험의 세계다. 다른 하나의 세계는 자기 내에서 완결된 사유다. 그리고 만족할만한 세계관이 도출되려면, 저 경험의 외적 현실이 사유 안으로 편입되어야 한다. 세계가 단순히 감각의 본질로 채워진다면, 세계의 본질(세계의 관념적 내용)은 항상 숨겨진 채 머물 것이다. 법칙이 세계 과정을 지배하게 될 것이기는 하지만, 그렇다고 법칙이 현상이 되지는 못할 것이다. 이 후자가 가능하기 위해서는 현상의 형식과 법칙 사이에 본질이 개입해야 한다. 이 본질에는 기관들이 주어져 있어서, 기관들을 통해서 본질은 저 감각적이고 법칙에 의존한 현실성의 형식을 지각한다. 또한 본질에는 법칙성을 스스로 지각할 수 있는 능력도 주어져 있다. 그런 본질에서 한 측면으로는 감각 세계가 드러나야 하며, 다른 측면으로는 감각 세계의 이념적 본질이 드러나야 한다. 그리고 본질은 이 두 가지 현실의 요인들을 자신의 고유한 활동으로 연결해야 한다.

여기서 우리는, 우리 정신이 관념들을 자체 내에서 담고 있는 이념 세계의 수용체로서가 아니라 관념들을 지각하는 기관으로 간주되어야 함을 분명하게 통찰한다.

그 기관이란 눈과 귀처럼 파악 활동을 하는 기관이다. 관념과 정신의 관계는 눈과 빛의 관계, 귀와 소리의 관계와 같다. 색채를 두고 우리 눈에 각인되어 지속하는 것, 그래서 흡사 눈에 달라붙어 있는 어떤 것이라고 생각하는 사람은 없을 것이다. 그런데 정신에 관해서는 이런 식의 견해가 지배적이다. 의식 안에서는 사물 하나하나에 대해 각기 다른 관념이 형성되는 것임에 틀림없고, 그러면 관념은 해당 사물 속에 머물러 있으므로 필요할 때에는 사물로부터 다시 불러 올려질 수 있게 된다는 것이다. 사람들은 이에 기초하여, 우리가 당장은 의식하고 있지 않은 관념들은 우리의 정신에 저장되어 의식의 문턱 안쪽에 잠재되어 있다는 이론을 세웠다.

관념 세계가 그 자신으로부터 규정된 세계라는 점을 생각하면, 이 모험적인 관점들은 금세 사라지게 된다. 자기 자신을 통해 규정된 이 내용이 의식의 다수성과 어떤 관련이 있는가? 하지만 무규정적인 다수성 안에서 내용의 한 부분이 항상 다른 부분에 의존하는 것으로 규정된다고 가정하지는 않을 것이다! 사실은 완전히 명백하다. 관념 내용이란 것은, 그 관념 내용이 현상으로 드러나는 데는 반드시 어느 것이든 정신적인 기관이 필요하며, 또 이 기관을 갖추고 있는 존재자들의 수는 상관없다.(주관주의적 관점에서는 나의 관념 표상은 나에게만 확실하므로, 관념 표상을 갖춘 사람들의 수만큼 관념 표상이 존재해야 한다. 그러나 객관적 관념론의 관점에서는 관념이 객관적이므로 관념 표상을 갖는 사람의 수만큼 관념이 존재하는 것이 아니라, 관념의 존재는 그 자체로 자기동일적인 것이 된다. 이런 의미에서 기관을 갖춘 사람의 수가 무관하다는 것이다.-역자) 따라서, 정신을 갖춘 수많은 개별자들이 오직 *하나의* 관념 내용에 마주 설 수 있다. 그러므로 정신은 외부 세계를 파악하는 기관들처럼 세계의 관념 내용을 지각한다. 세계의 관념 내용은 단지 *하나다*. 사람들이 다양한 방식으로 그렇게 믿기는 하지만, 우리 의식은 관념을 산출하거나 보존하는 능력이 아니다. 의식은 관념(이념)을 지각하는 능력인 것이다. 괴테는 이를 다음과 같이 탁월하게 표현했다. "이념은 영원하며 유일하다. 우리에게는 복수의 이념들도 필요하다는 말은 제대로 된 표현이 아니다. 우리가 그것에 관해 알게 되고 또 말할 수 있는 모든 것은 이념의 표명일 따름이다. 우리는 개념들을 언표하며, 그 점에 있어서 이념은 그 자체로 하나의 개념이다."

인간은 감각 세계와 관념 세계라는 두 세계의 시민으로, 감각 세계는 아래에서부터 인간에게 밀려들고, 관념 세계는 위에서 인간에게 빛을 비춘다. 이런 인간은 학문을 만들어, 이 두 세계를 하나의 분리 불가한 통일체로 결합한다. 한쪽에서는 외적인 형식이, 그리고 다른 한쪽에서는 내적인 본질이 우리에게 자신들의 존재를 알린다. 우리는 이 양자를 결합해야 한다. 이로써 우리의 인식론은 우리와 일견 유사해 보이는 탐구들이 대개 취하는 관점을 넘어선다. 그들의 관점은 형식성을 넘어서지 못한다. 형식성을 신봉하는 자들은 경험 안으로 꿰뚫고 들어가는 것이 무엇인지를 규정하지 않은 채, "인식은 경험을 검토하는 일이다." 하고 말한다. 그러면서도, "인식할 때는 지각이 사유로 유입되거나, 사유가 내적인 강제에 힘입어 경험으로부터 경험의 배후에 있는 본질로 돌진해 들어간다." 하고 규정한다. 그러나 이 모든 것들은 순전히 형식성에 지나지 않는다. 인식을 세계 내에서 중요한 자기 역할로 이해하고자 하는 인식 학문은, 첫째, 인식의 이상적인 목적을 제시해야만 한다. 그 목적은 종결되지 않은 경험에서 그 경험의 핵심을 드러냄으로써 경험의 완성을 제시하는 것이다. 둘째, 인식 학문은 내용적으로 경험의 이 핵심이 내용적으로 무엇인지 규정해야 한다. 그 핵심의 내용은 관념, 이념이다. 셋째, 마지막으로 인식 학문은 핵심을 드러내는 일이 *어떻게* 가능할지 제시해야 한다. 이 책 11장 〈사유와 지각〉은 이에 대한 해명을 제시한다. 우리의 인식론은 사유가 세계의 본질이며, 개별자인 인간의 사유가 이 본질의 개별적 현상 형식이라는 긍정적인 결과로 이끈다. 형식적이기만 한 인식 학문은 이를 수행할 수 없으며 영원히 무익하게 남는다. 그런 인식론은 학문이 얻는 성과가 세계와 세계 안에서 일어나는 사건과 어떤 관계를 갖는지에 대해 아무런 생각도 없다. 이 관계는 바로 인식론 안에서 입증되어야만 할 성질의 것인데도 말이다. 제대로 된 인식론은 우리가 우리의 인식을 통해서 어디로 향해야 하고, 다른 모든 학문이 우리를 어디로 이끌어야 하는지를 우리에게 제시해야 한다.

사유가 세계의 핵심이라는 관점에 도달하려면, 우리는 그 어떤 것도 아닌 인식론의 길 위에 있어야 한다. 왜냐하면 인식론은 우리에게 사유와 여타 현실의 관계를 제시하기 때문이다. 사유와 경험의 관계를 탐구하는 것이 직접적인 목적으로 설정되어 있는 학문이 아니라면, 무엇으로부터 우리가 사유에 대해 알 수 있겠는가? 그리고 나아가 우리가 현실과의 관계를 탐구하지 않는다면, 하나의 정신적 본질 또는 감각의 본질이 세계의 근원적 힘이라는 것을 어디에서 알 수 있을 것인가? 따라서 어디에선가 어떤 것의 본질을 발견하는 것이 중요한 일이라면, 이 발견은 항상 세계의 이념 내용으로 되돌아가야 가능해진다. 사람들이 분명한 규정들 안에서 머무르고자 한다면, 또 사람들이 규정되지 않은 것 안에서 암중모색하기를 원치 않는다면, 세계의 이 이념 내용이라는 영역을 침범해서는 안 된다. 사유는 자기 안의 총체성이며, 자족적이며, 그 경계 안으로 침범당하면 텅 비게 된다. 달리 말하면, 어떤 것을 해명한다는 목적으로 사유가 자기 자신 안에서도 발견되지 않는 사물을 도피처로 삼아서는 안 된다는 것이다. 사유와는 어떤 식으로든 연결되지 않는 사물은 혼돈에 불과할 것이다. 모든 것은 종국적으로 사유에서 드러나며, 모든 것은 사유 내에서 자신의 자리를 발견한다.

우리의 개별적 의식과 연관해서 표현하면 다음과 같이 말할 수 있다. 학문적인 규명을 위해서 우리는 우리 의식에 주어진 것의 범위 안에 엄격하게 머물러야 하며, 이를 넘어설 수 없다. 그런데 한편으로는 우리 의식을 뛰어넘으면 본질 없는 공허에 빠지게 된다는 사실은 제대로 통찰하면서, 동시에 다른 한편으로 사물의 본질이 우리 의식 안에서 이념을 지각하는 가운데 발견된다는 점을 통찰하지 못한다면, 우리 인식에 한계를 설정하는 오류가 생긴다. 우리가 의식을 넘어설 수 없고 현실의 본질이 의식의 내부에 있지 않다면, 우리는 절대로 본질로 다가갈 수 없다. 우리의 사유는 이 세계와 결부되어 있고, 따라서 피안의 세계에 관해서는 그 무엇도 알 수 없다.

　우리의 견해와 비교하면, 이 견해는 자기 자신에 대해서조차 오해하고 있는 사유일 따름이다. 인식의 한계를 설정하는 것은 외적 경험이 그 자체로 경험의 본질을 탐구할 때에만, 또한 외적 경험과 관련하여 던져야 할 물음을 외적 경험이 규정할 때에만 가능하다. (가령 빨간 사과를 시각적으로 보고, 내가 본 감각 경험이 대상 자체와 일치하는 것인가를 묻는 감각 경험의 물음은 답할 수 없다. 감각 경험은 대상 자체의 본질에 대한 경험이 불가능하므로 경험의 한계로서 인식의 한계를 주장한다. 하지만 슈타이너는 왜 인식의 한계가 설정되어야 하는가에 대해 비판적으로 검토하고 있다. 인식의 한계는 감각 경험만을 가능한 것으로 제한하는 태도이고, 슈타이너는 관념의 지각을 통해서 감각 경험을 넘어선 관념의 획득을 경험 개념 안으로 끌어들임으로써 인식 가능성을 주장하고 있다.-역자) 그러나 사정은 이와 다르다. 사유가 지각하는 경험에 대해 경험의 본질을 내세워 대조하려는 욕구가 *사유에서* 출현한다. 사유는 그 자신에게 고유한 법칙성을 여타의 세계 속에서도 통찰하려고는 하지만, 반대로 자신이 최소한의 지식도 갖지 못한 것에서는 그 법칙성을 전혀 보려 하지 않는다는 아주 특별한 경향성을 가질 수도 있다.

다른 오류도 여기서 반드시 바로잡을 일이다. 그것은, 사유가 세계를 구성하는 데는 충분하지 못할 것이라는 생각, 그래서 세계를 가능하게 하기 위해서는 관념 내용에다 다른 어떤 것(힘, 의지 등)이 부가되어야 한다고 생각하는 오류다.

그러나 더 자세히 고찰해 보면 금방 알게 되는 것은, 그런 모든 요소들이란 지각 세계로부터 나온 것, 따라서 그 자체가 사유를 통해서 설명되어야 할 추상물일 따름이라는 사실이다. 사유를 제외하고 세계를 구성하는 부분들은 곧장 관념적 방식과는 다른 이해와 인식의 방식을 내세웠다. 우리는 사유와는 다른 방식으로 이 다른 구성 부분들에 도달해야 하겠지만, 그것은 불가능한 일이다. 왜냐하면 사유는 오직 관념만을 제시하기 때문이다. 세계 내의 사건에서 두 번째 구성 부분이 갖는 몫을 해명하려는 점 자체가, 그리고 그 해명에서 개념들을 사용한다는 점 자체가 이미 모순이다. 이것 외에도, 우리에게는 감각 지각과 사유를 제외하고 나면 제3의 것으로 주어질 수 있는 것은 아무것도 없다. 그리고 우리는 세계의 구성 부분들이라 일컫는 것 가운데 그 어느 것도 세계의 핵심이라고 간주할 수 없다. 그 부분들은 조금만 더 고찰해보면 그것들은 자신의 본질을 포함할 수 없다는 점이 드러난다. 따라서 세계의 본질은 유일하게 그리고 오직 사유에서 찾아질 수 있다.

14. 사물의 근거와 인식

칸트는 인간에게 인간 자신을 지향하도록 했다는 점에서 철학에서 위대한 진전을 이루었다. 칸트는 자신의 주장이 가져야 할 확실성의 근거들을 자신의 정신적인 능력에 주어져 있는 것에서 찾았을 뿐, 자신의 밖에서 강요된 진리에서 구하지 않았다. 학문적인 확신은 다만 자기 자신을 통해 얻어야 한다는 것이 칸트 철학의 해법이다. 그런 까닭에 칸트는 자신의 철학을 *비판적kritisch* 철학이라고 불러, 확증된 주장들을 전승된 채로 유지하며 그 주장들을 위해 사후적으로 증명을 시도하는 *교조적dogmatisch* 철학과 대비시켰다. 이로써 학문의 두 방향이 맞서게 되었다. 그러나 칸트도 자신이 갖추고 있던 예리한 방식으로 이 대립을 사유하지는 못했다.

학문의 주장이 어떻게 만들어지게 되는지 한 번 엄격하게 확인해 보자. 학문은 두 사물을 결합한다. 이때는 두 사물에 대한 개념을 지각에 결합하거나, 두 개념을 결합한다. 가령 후자의 방식으로 이루어지는 것은 다음과 같은 주장이다. "원인 없는 결과는 없다." 이 두 개념이 왜 결합하는지에 대한 사실적인 근거들은, 두 개념이 그 자체로 포함하고 있는 것 즉 나에게도 그저 주어져 있을 따름인 것과는 전혀 다른 쪽에 놓여 있을 수 있다. 그렇지만 나는 어쨌든 어떤 형식적인 근거들(무모순성, 특정한 공리)을 추가적으로 가질 수 있고, 그 형식적 근거들이 나로 하여금 특정 방식으로 관념들을 결합하도록 이끈다. 하지만 이 근거들은 사실 자체에는 어떤 영향력도 갖지 않는다. 주장은 내가 *사실적으로는* 전혀 도달할 수 없는 어떤 것에 근거한다. 따라서 사실을 실제로 통찰하는 것은 나로서는 불가능하다. 나는 사실의 외부에 서 있을 뿐이다. 주장이 표현하는 바는 바로 여기, 곧 나에게 알려지지 않은 세계 안에 있다. 주장은 단지 나의 세계 속에 있다. 이것이 *교조*의 성격이다. *교조*에는 두 가지가 있다. *계시의 교조*와 *경험의 교조*가 그것이다. 전자는 인간의 시야를 벗어나 있는 사물에 관한 진리들을 어떤 방법으로 인간에게 전수한다. 인간은 그 주장들의 출처인 세계를 통찰할 수 없다. 그는 그 주장들의 진리를 *믿어야* 할 뿐, 진리의 근거들에는 접근할 수 없다. *경험의 교조*에서도 사정은 이와 흡사하다. 오로지 순수 경험에 머물러야 하고, 활동하는 경험의 힘들을 탐구하지 않은 채 경험의 변화들만 관찰할 수 있다는 견해를 누군가 갖는다면, 세계에 대한 그의 주장 역시 세계의 근거들에 접근하는 것을 전혀 허용하지 않는 주장이다. 이 경우에도 진리는 사실의 내적 작용을 통찰함을 통해서 얻어지는 것이 아니라, 사실 자체에서 드러나는 외면적인 것으로부터 강요된 것이다. 계시의 교조가 이전 세계의 학문을 지배했다면, 오늘날의 학문은 경험의 교조에 의해 곤경을 겪고 있다.

우리의 견해는 이념의 외부에 존재 근거가 있다는 모든 가정이 불합리하다는 사실을 보여주었다. 존재의 모든 근거는 세계 내로 유입되어 세계와 하나가 되어 있다. 사유 속에서 그 근거는 자신의 가장 완전한 형식으로, 즉 그 자신이 있는 그대로 드러난다. 따라서 사유가 결합을 완수한다면, 즉 사유가 판단을 내린다면, 그 판단은 사유 안에 유입된 세계 근거 자체의 내용, 결합되어야 할 내용이다. 사유 안에서는 피안의 세계의 근거에 대한 주장들이 우리에게 주어지는 것이 아니라, 세계 근거가 실체적으로 사유 속으로 유입되는 것이다. 우리는 왜 판단이 이루어지는지에 대해 그 형식적인 근거가 아니라 사실적인 근거들을 통찰한다. 판단은 뭔가 낯선 것에 대해서가 아니라 세계 근거 자체의 내용에 대해서 규정한다. 따라서 우리의 견해는 참된 *지식*을 정초한다. 우리의 인식론은 현실적으로 비판적이다. 우리의 견해에 따르자면, 계시에 맞선 것으로는 어떤 것도 허용되어서는 안 된다. 사유의 내부에는 그렇게 할 사실적인 근거가 전혀 없기 때문이다. 그뿐 아니라 사유 내부에서는 경험도 경험의 현상으로서가 아니라 그 작용으로서 인식되어야 한다. 사유를 통해서 우리는 *생산물*로서의 현실을 통찰하는 것에서 *생산자*로서의 현실을 통찰하는 것으로 차원을 높인다.

따라서 사물의 본질이 밝혀지는 것은 인간과의 관계 안에서 파악될 경우로 한정된다. 인간과의 관계 안에서만 모든 사물의 본질이 드러나기 때문이다. 이 점은 상대주의를 세계관으로서 정초한다. 다시 말해, 인간이 투사한 빛 속에서 우리가 모든 사물을 본다는 것이 상대주의라는 사유 방향이다. 이 견해는 또한 의인관이라고 불리기도 한다. 많은 이가 이 관점을 지지한다. 그러나 그들의 다수는, 우리가 우리 인식의 이러한 고유성을 통해서 객관성 그 자체에서 멀어지게 되었다고 믿는다. 그들은 우리가 모든 것을 주관성이라는 안경을 통해서 지각한다고 믿는다. 그러나 우리의 이해는 그와는 정반대의 사실을 우리에게 드러내 보인다. 그들의 주장대로라면, 사물의 본질에 도달하려 할 때 우리는 이 안경을 통해 사물들을 고찰해야만 할 것이다. 세계는 우리에게 보이는 현상이라는 방식대로 알려지기도 하지만, 동시에 세계는 사유를 통한 고찰에만 있는 그대로의 자신을 드러내기도 한다. *인간이 학문에 투사하는 현실의 형태는 세계의 궁극적인 참된 형태다.*

이제 우리에게 남은 일은, 우리가 올바른 방식 곧 현실의 본질로 이끄는 방식이라고 알게 된 인식 방식을 개별적인 현실의 영역으로 확장하는 것이다. 이제 우리는 경험의 개별적인 형식들 안에서 그 본질을 어떻게 찾을 것인지 보여줄 것이다.

E

자연 인식

15. 무기無機 자연

우리에게 가장 단순한 방식으로 나타나는 자연 작용은 외적으로 서로 대립하는 요소들이 만들어 내는 결과로 일어나는 사건이다. 그런 경우 두 객체 사이의 사건이나 관계는, 외적인 현상 형식들 속에서 살아 숨 쉬는 본질에 의해서도, 그 자신의 내적인 능력과 성격을 작용 속에서 외부에 알려주는 개별성에 의해서도 제약되지 않는다. 이 두 객체 간의 사건과 관계는, 한 사물이 자신이 발생으로 인해 다른 사물에 특정한 영향을 미쳐 자신의 고유한 상태를 다른 사물에 부여함으로써 생겨난다. 어느 사물의 상태는 언제나 다른 사물의 상태의 결과로 나타난다. 이렇게 어느 사실이란 그와 동종인 다른 사실의 결과라는 방식으로 연쇄적으로 뒤따르는 작용들의 체계를 우리는 무기無機 자연(생명력 없는 자연.-역자)이라 부른다.

여기서 한 사건의 경과 혹은 어떤 관계의 성격은 외적인 조건에 따라 달라진다. 따라서 사실들은 그 안에 외적인 조건의 결과인 표징들을 담고 있다. 이 외적인 요소들이 모여 나타나는 방식이 달라지면, 그것들이 함께 있는 결과도 당연히 달라진다. 즉 그 방식이 불러일으키는 현상이 달라지는 것이다.

무기 자연에서 이렇게 여러 요소가 모여 우리의 직접적인 관찰 영역 안으로 들어오는 방식은 어떤 것인가? 그 방식은 우리가 위에서 *직접적인 경험*의 성격이라고 표현했던 그런 성격을 담고 있다. 여기서 우리는 단지 "보편적 경험"의 특수 사례만 다루면 된다. 이 경우는 감각적 사실의 결합만이 문제가 된다. 그런데 이런 결합은 우리의 경험에서는 불명료하고 불투명하게 나타난다. a라는 *사실*이 우리에게 등장하면, 동시에 수많은 다른 사실도 나타난다. 우리가 이렇게 나타난 다양한 사실에 두루 눈길을 주면, 그 다른 사실들 중 어떤 것들이 지금 논의되고 있는 a와 더 가까운 관계에 있고 어떤 사실들이 더 먼 관계에 있는지에 대해, 우리는 완전히 불분명한 상태에 빠지게 된다. 어떤 사실이 없다면 사건이 전혀 발생할 수 없는 그런 사실이 있을 수 있고, 또 사건을 단지 변화시킬 뿐이어서 그 사실 없이도 사건이 곧잘 발생할 수도 있는 그런 사실도 있을 수 있다. 그럴 경우, 사건은 다른 부차적인 사정에 따라 *다른 형태*를 지니게 될 것이다.

이는 우리에게 이 영역에 관한 인식이 가야 할 길도 지정한다. 직접적인 경험에서 사실들을 결합하는 것만으로 충분하지 않다면, 우리는 우리의 해명 욕구를 만족할 수 있는 다른 경험을 찾아야 한다. 사건이 투명한 명료성을 지닌 채 필연적인 결과로 우리에게 나타날 수 있기 위한 조건들을 우리가 창출해야 하는 것이다.

사유가 직접적인 경험 안에 이미 자신의 본질을 포함할 수밖에 없는 이유를 우리는 기억한다. 그것은, 우리가 관념의 개별적 요소들로부터 관념의 결합을 창출하는 과정의 외부가 아니라 내부에 있기 때문이다. 이를 통해서 우리에게는 완결된 과정, 산출물뿐 아니라 산출하는 주체 또한 주어진다. 그리고 우리에게 등장하는 외부 세계의 사건에서 우리는 먼저 추동하는 힘들을 본다는 점이 중요하다. 이 추동력들이 사건을 세계 전체의 중심점에서부터 그 주변부로 밀고 나간다. 어떤 현상, 감각세계의 상황 등의 불분명함과 불명료함은, 그것들이 특정한 사실 배열Tatsachenkonstellation의 결과라는 점을 우리가 완전히 정확하게 통찰할 경우에만 극복될 수 있다. 우리가 지금 눈 앞에 보고 있는 사건은 이러저러한 감각세계의 요소들이 상호작용한 결과로 출현한다는 점을 알아야만 한다. 이에 더하여 이 상호작용의 방식은 우리의 지성이 완전히 꿰뚫어 파악할 수 있는 것이어야 한다. 사태들 사이의 관계는 우리 정신에 적합한 것, 이념적인 것이어야 한다. 그렇게 되면 사물은 *사물의 본성*에 따라서 자연스럽게 우리 지성에 의해 편입되는 관계들 안에서 움직일 것이다.

우리는 곧 이를 통해 성취되는 바가 무엇인지 알게 된다. 만약 눈 앞에 보이는 감각세계를 아무런 생각 없이 조망한다면, 나는 실제로 작용을 주도하는 요소가 무엇인지 직접적으로 확인할 도리가 없을 만큼 많은 상호작용을 통해 산출되는 사건들을 보게 된다. 어떤 사건을 보면, 나는 동시에 a, b, c, d라는 사실들을 본다. 그런데 이 사실들 가운데 어떤 것이 그 사건에서 차지하는 비중이 크고 작은지 즉시 확인할 수 있을까? 먼저 네 가지 사실 중에 사실이 성립하는 과정에 *무조건적으로* 필수적인 사실이 무엇인지를 탐구한다면, 사실은 투명해진다.

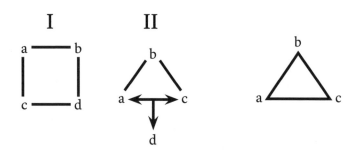

예를 들어, 나는 a와 c가 무조건 필요하다는 것을 알게 된다. 이에 따라 나는 d가 없어도 과정은 등장할 수 있지만 그 양상이 현저하게 달라진다는 것 또한 알게 되며, 이와는 달리 b는 전혀 중요한 의미를 갖지 못해서 다른 것으로 대체될 수 있음을 통찰하게 된다. 앞의 그림에서 I은 단순한 감각 지각의 대상이 되는 것들의 그룹이고, II는 정신의 대상이 되는 것들을 상징적으로 묘사한 것이다. 정신은 비유기적 세계의 사실들을 한 그룹으로 묶음으로써 사실들의 발생이나 관계를 통해 사실들의 관계에서 생기는 결과를 간파한다. 그런 방식으로 정신은 필연성을 우연성으로 돌린다. 우리는 몇 가지 사례들에서 이를 분명히 제시하고자 한다. a, b, c를 잇는 삼각형이 내 앞에 있으면, 나는 한 번 봐서는 세 각의 합이 항상 180도가 된다는 사실을 간파하지 못한다.

그런데 사실들을 다음의 방식으로 묶으면, 답은 금방 분명해진다. 다음 도형에서 금방 드러나는 사실은, 각 a'는 각 a와, 각 b'는 각 b와 동일하다는 것이다. (AB와 CD는 각각 A'B', C'D'와 평행이다.)

나에게 주어진 삼각형에서 밑선 AB에 평행하는 선을 꼭지점 C를

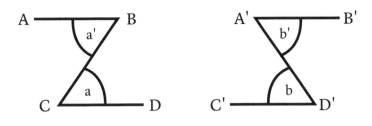

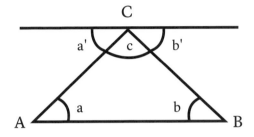

지나도록 그린 다음 앞의 방법을 적용하면, 각에 관해서는 a'=a, b' =b임을 알게 된다. 이제 c는 상동이므로, 세 각을 합하면 필연적으로 180도가 된다.

내가 여기서 사실들의 복잡한 연관관계를 해명한 방법은, 상응하는 관계로 하여금 정신에게 주어진 관계로부터 사실의 본성에 따라 필연적으로 따라오도록 하는 단순한 사실로 환원시키는 것이었다.

또 다른 사례는 다음과 같다. 나는 수평선 방향으로 돌을 던진다. 이 돌이 보이는 궤적을 우리는 ll'로 그렸다. 여기서 관찰되는 추동력들을 살펴보면, 다음과 같은 사실들을 알게 된다. 1. 내가 가한 추진력. 2. 돌에 가해지는 지구의 인력. 3. 공기의 저항력.

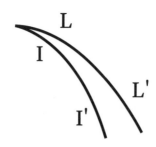

좀 더 깊이 숙고해보면, 세 힘 중 처음 두 가지 힘은 운동 경로의 특성을 초래한 본질적인 힘이며, 이에 비해 세 번째 힘은 부차적인 힘이라는 점을 알게 된다. 처음 두 힘만 작용했다면, 돌의 궤적은 LL'가 되었을 것이다. 세 번째 힘을 완전히 무시하고 나머지 두 힘만 관련시킨다면, 내가 보는 것은 이 LL'라는 궤적일 것이다. 하지만 이렇게 실제로 세 번째 힘을 무시한다는 것은 가능하지도 않고 또 그럴 필요도 없다. 나는 모든 저항을 제거할 수는 없다. 만일 그렇게 하려면 나는 앞의 두 힘이 가진 본질만을 사고로 파악한 다음, 역시 사고 안에서만 그것들을 필연적인 관계 안에 집어넣으면 된다. 그러면 두 힘만이 상호작용할 경우 LL'이라는 궤적이 필연적으로 도출된다는 사실이 입증된다.

이런 방식으로 정신은 무기 자연이 모든 현상을 해체하여, 작용이 필연적으로 작용의 주체로부터 발현하는 것으로 정신에게 보이도록 한다.

앞의 두 힘으로부터 돌이 움직이는 법칙을 얻으면 사람들은 이제 세 번째 힘을 추가로 끌어들이게 되고, 그로부터 궤적 II'가 산출된다. 추가적인 조건들이 이 사실을 더 복잡하게 만들 수 있다. 감각 세계에서 여러 요소가 결합하여 일어나는 모든 사건은 정신에 의해 꿰뚫어진 사실들이 자아내는 조직인 것으로 드러나며, 이것들은 그 단순한 사실들로 해체될 수 있다.

사건의 성격이 고찰의 대상이 되는 요인들의 본성으로부터 직접 속이 다 들여다보이도록 명료한 방식으로 드러나는 이런 현상을, 우리는 *근원현상Urphänomen* 혹은 *근본사실Grundtatsache*이라고 부른다.

이런 근원현상은 객관적인 자연법칙과 동일한 것이다. 왜냐하면, 근원현상은 사건이 특정한 관계에서 발생했다는 점만을 말하는 것이 아니라, 사건이 반드시 발생해야 했다는 점을 말하기 때문이다. 사람들은 고찰된 것의 본성으로부터 사건이 발생했다는 점을 통찰했다. 오늘날 사람들은 예외없이 외적인 경험론을 요구하고 있는 실정이다. 그 까닭은 경험을 통해 주어진 것을 초월하는 전제를 가지고는 어느 경우에나 불확실성 속에서 헤매게 될 것이라고 사람들이 믿기 때문이다. 우리는 현상의 한계 안에 머물러 있으면서도 필연적인 것을 만나게 된다는 사실을 안다. 오늘날 다양하게 주장되는 귀납적 방법론은 결코 이 사실을 입증할 수 없다. 귀납적 방법론은 본질적으로 다음과 같은 방식으로 진행된다. 귀납적 방법론은 주어진 조건들 아래에서 특정 방식으로 발생하는 현상을 본다. 두 번째로 귀납적 방법론은 유사한 조건들 아래에서 동일한 현상이 등장함을 본다. 이로부터 귀납적 방법론은 이 사건이 발생할 수 밖에 없게 되는 하나의 보편법칙이 존재한다고 추론하고, 이 법칙을 보편법칙이라고 표명한다. 그런 방법론은 오로지 현상의 외면만을 다룬다. 귀

납적 방법론은 외면을 뚫고 깊이 들어가지 않는다. 귀납적 방법론의 법칙들은 개별 사실들을 일반화한 것이다. 이 방법론은 언제나 개별적인 사실들이 규칙을 증명해주기를 기다려야 한다. 우리의 방법론은 귀납적 방법론의 법칙들이 단순히 우연한 것들의 무질서한 집합에서 끄집어내어 필연적인 것으로 만들어진 사실들이라는 점을 알고 있다. 우리는 a와 b라는 요소가 있으면 필연적으로 특정한 작용이 개입하게 된다는 점을 알고 있다. 우리는 현상 세계를 넘어서 나아가지 않는다. 우리가 당연히 생각하는 학문의 내용은 객관적인 사건objektives Geschehen에 다름 아니다. 사실이 종합되는 형식만 달라질 따름이다. 그러나 이를 통해서 사람들은 경험이 설정한 가능성의 경계를 넘어 한 걸음 더 깊이 객관성으로 진입했다. 우리가 사실들을 종합하는 방식은, 사실들이 그 자신의 고유한 본성에 따라, 오로지 그것에 따라서 작용하도록, 그리고 이 작용이 결과가 이러저러한 관계들로 인해 수정되지 않도록 하는 것이다.

우리는 사람들이 제대로 된 학문 수행을 주시하는 곳이라면 어디에서든 이런 해명이 정당화될 수 있으리라는 것에 가장 큰 가치를 둔다. 우리의 해명을 반박하는 것은 학문적 명제들의 효력 범위와 본성을 넘어서는 잘못된 견해들뿐이다. 우리의 많은 동시대인들은 실용적인 연구 영역으로 진입할 때 *자신들의* 이론과 모순에 빠져들지만, 모든 참된 연구와 우리의 탐구가 조화를 이룬다는 사실은 개별 경우들에서 쉽게 입증될 것이다.

우리의 이론은 모든 자연법칙이 특정한 형식을 가질 것을 요구한다. 자연법칙은 사실들 간의 연관관계를 전제하며, 어디서든 그와 같은 연관관계가 현실 안에 등장한다면 특정한 사건이 발생했을 수밖에 없음을 확인한다.

따라서 각각의 자연법칙은 다음과 같은 형식을 갖게 된다. 만약 하나의 사실이 다른 사실과 상호작용하면 이에 따라 이 현상이 나타난다는 식이다. 모든 자연법칙이 실제로 다음과 같은 형식을 갖는다는 것은 쉽게 입증될 것이다. 온도가 다른 두 물체가 접해 있으면, 온도가 높은 물체의 온기가 온도가 낮은 물체로 흘러들어 결국 두 물체의 온도가 같게 된다. 서로 통하는 두 용기에 액체가 담긴다면, 두 용기의 수위는 같아진다. 하나의 물체가 광원과 다른 물체 사이에 위치하게 되면, 그 물체는 다른 물체에 그림자를 만든다. 수학, 물리학, 기계학에서 단순한 서술이 아닌 것, 그것이 바로 *근원현상*임에 틀림없다.

학문의 모든 진보는 근원현상을 인식하는 것에 기초한다. 어느 사건을 다른 사건과의 결합에서 떼내어 특정한 경험 요소들의 결과로서만 그 사건을 해명할 수 있다면, 사람들은 세계 내 현실로 더 깊이 진일보한 것이 된다.

고찰되는 요소들을 그 본질에 적합하게 사유 속에서 결합시킬 경우, 순수 관념 속에서 근원현상이 등장한다는 사실을 우리는 살펴보았다. 하지만 사람들은 필수적인 조건들을 인위적으로 설정할 수도 있다. 이는 학문적인 실험에서 생기는 일이다. 실험을 할 때 우리는 특정 사실들의 개입을 우리의 힘으로 통제한다. 물론 우리는 모든 부차적인 상황을 무시할 수는 없다. 그러나 그런 부차적인 상황들을 벗어날 수 있는 수단은 있다. 사람들은 하나의 현상을 다양한 모습으로 만든다. 사람들은 한 번은 이런 부차적인 상황들을 작용시켰다가 다음 번에는 그와는 다른 부차적인 상황들을 작용시킨다. 이 과정에서 사람들은 이 모든 변용을 관통하는 동일한 요소가 있음을 알게 된다. 사람들은 어떤 변용에서도 이 본질적인 것을 고수해야 한다. 이 모든 개별적인 경험 안에도 사실을 이루는 요소 한 가지가 동일하게 남아 있다는 것을 알게 된다. 바로 이 동일하게 남아 있는 부분이 경험에서 얻는 고차적 경험이다. 그것이 바로 *근본사실* 혹은 *근원현상*이다.

실험은 우리가 고려한 것만이 특정한 사건에 영향을 미친다는 점을 보장할 것이다. 우리는 우리가 그 본성을 잘 아는 확실한 조건들을 결합하고, 그 결합으로부터 무엇이 도출되는지를 기다린다. 그러면 우리는 주관적인 창조에 근거한 객관적인 현상을 갖게 된다. 우리는 철두철미하게 주관적이기도 한 객관적인 것을 갖는다. *따라서 실험은 비유기적인 자연과학에서 주관과 객관의 참된 중개자가 된다.*

우리가 여기서 이룬 견해의 맹아들은 괴테와 실러가 나눈 서신 교환에서 발견된다. 1789년 초기에 괴테와 실러가 주고받은 편지들은 이 문제를 다루고 있다. 그들은 이 방법론을 *합리적 경험론*이라 표현한다. 그 방법론이 객관적인 사건들만을 학문의 내용으로 다루기 때문이다. 그러나 이 객관적인 사건들은 개념들(법칙들)로 짜인 조직에 의해 결속되는데, 우리 정신은 개념들 안에서 그런 조직을 발견한다.감각적인 사건들은 사유로만 파악할 수 있는 연관 관계 속에 있다는 것, 이것이 바로 합리적 경험론이다. 이 편지들과 괴테의 논문 〈주관과 객관의 매개자인 실험〉주석 10을 함께 읽으면, 사람들은 앞의 이론에서 도출되는 결과를 알아차릴 수 있을 것이다.

결국 비유기적인 자연에서는 우리가 경험과 학문 사이에서 규명했던 보편적인 관계가 완전히 들어맞는다. 일상적인 경험이란 현실의 반쪽일 뿐이다. 감각은 이 반쪽짜리 현실만을 지각한다. 다른 반쪽을 지각하는 것은 우리의 정신이다. 정신은 경험을 "*감각이 지각하는 현상*"에서 정신 자신의 고유한 현상으로 고양시킨다. 작용된 것이 작용하는 것으로 고양되는 일이 이 영역에서 어떻게 가능한지는 우리가 이미 제시했다. *정신*은 작용된 것에 접근할 때 작용하는 것을 발견한다.

어떤 견해가 우리를 완결된 총체성으로 이끌 경우, 그 견해는 비로소 우리를 학문적으로 만족시킨다. 그런데 비유기적인 감각 세계는 어떤 지점에서도 완결될 수 없으며, 개별적인 전체는 그 어느 곳에서도 드러나지 않는다. 하나의 사건은 우리에게 항상 그 사건이 의존하고 있는 다른 사건을 지시하고, 또 지시된 이 사건 역시 세 번째 사건을 지정하는 방식으로 계속 이어진다. 여기서 완결되는 곳은 어디인가? 비유기적인 감각 세계는 개별성으로 이끌지 않는다. 감각세계는 그 자신의 전체성 속에서만 완결된다. 따라서 전체를 갖기 위해서 우리는 비유기적인 것의 전체성을 하나의 체계로 개념 파악하기 위해 노력해야 한다. 그런 체계가 *우주Kosmos*다.

우주를 꿰뚫어 이해하는 것은 비유기적인 자연과학의 목적이자 이상이다. 그것을 꿰뚫는 정도까지 나가지 않는 학문적인 노력은 준비 작업일 따름이다. 그 준비는 전체 자체가 아니라 전체의 일부분일 뿐이다.

16. 유기적 자연

오랫동안 학문은 유기적인 것에 도달하지 못한 채 그 앞에서 멈추어 있었다. 학문은 자신의 방법론이 생명과 생명 현상들을 개념적으로 *파악*하는 데 충분하지 않은 것으로 여겼다. 심지어 학문은 비유기적인 자연에서는 유효한 법칙성이 유기적인 자연에서는 유효하지 않다고 믿기까지 했다. 비유기적인 세계에 있어 우리가 자연적인 사전 조건들을 알 경우에는 현상이 우리에게 개념적으로 파악될 것이라고 인정했던 것을, 유기적인 자연에서는 그저 부정하기만 했다. 사람들은 창조주가 어떤 계획에 따라 유기체를 합목적적으로 설정했다고 생각했다. 모든 기관의 규정은 미리 정해져 있다는 것이었다. 그래서 모든 질문은, 이러저러한 기관의 목적이 무엇인지, 이러저러한 기관이 무엇 때문에 현존하는지에 관련될 뿐이라는 것이다. 비유기적인 세계 안에서 어느 사물의 *전제조건*들을 보았을 때, 사람들은 이 전제조건들이 생명의 사실들과는 아무런 관계가 없는 것이라고 여겨, 사물을 *규정*하는 데 주된 관심을 두었다. 또한 사람들은 생명에 동반되는 과정에 관해서는 물리적인 현상들에 관해 하듯 자연적인 원인들을 묻는 대신 특별한 생명력에 그 원인이 있는 것으로

116

여겨야 한다고 생각했다. 사람들은 유기체 안에서 형성되는 것이 여타의 자연법칙들을 전적으로 무시하는 이 생명력의 산물로서 생각했던 것이다. 20세기 초반까지도 학문은 유기체에 관해서는 아무것도 할 수 없는 상태였다. 학문의 대상은 그저 비유기적인 세계의 영역으로 제한되어 있었다.

이렇게 유기적인 것의 합법칙성을 객체의 본성 안에서 찾지 않고 창조주가 창조행위에서 가졌을 관념 안에서 찾았기 때문에, 사람들은 해명의 모든 가능성도 차단했다. 그런 관념이 나에게 어떻게 알려질 수 있겠는가? 내 앞에 있는 것이 내가 알 수 있는 전부일 따름이다. 내 앞에 있는 *그것* 스스로가 나의 사유 내부에서 자신의 법칙들을 드러내 보이지 않는다면, 나의 학문 또한 멈춰 선다. 그 본질이 외부에 있는 계획을 알아내는 것은 *학문적으로는* 하등의 의미를 지닐 수 없다는 것이다.

19세기 말에는, 물리학이 설명적인 학문이듯 생명 현상을 설명하는 학문은 있을 수 없다는 견해가 일반적이었을 뿐만 아니라 지배적이었다. 칸트조차도 물리학에 철학적인 근거를 제시하려고 시도했다. 칸트는 우리의 지성이 특수한 것에서부터 보편적인 것으로 나아갈 수 있는 것이라고 본 것이다. 특수한 것, 즉 개별 사물은 보편적인 것에 주어져 있고, 이로부터 지성은 보편법칙을 도출한다는 것이다. 이런 사유 방식을 칸트는 논변적^{diskursiv}이라고 명명하고, 이를 인간에게만 귀속되는 방식으로 간주한다. 따라서 칸트의 견해에 따르면, 사물들에 관해서는 단 하나의 학문만 가능한데, 특수한 것이 그 자체로는 완전히 개념을 결여한 것이어서 단지 추상 개념으로만 포섭될 수 있는 학문이 그것이다. 칸트는 유기체의 경우 이 조건이 충족될 수 없음을 발견했다. 유기체에서는 개별 현상이 합목적적이라는 사실, 즉 *개념에 상당하는* 조건을 갖추고 있다는 사실이 드러난다. 특수한 것은 개념의 흔적을 그 자체로 간직하고 있다. 쾨니히스베르크의 철학자(칸트.-역자)의 생각으로는, 우리는 그런 본질을 개념적으로 파악할 능력이 전혀 없다. 우리는 다만 개념과 개별 사물이 분리된 곳에서, 개념은 보편자를, 개별 사물은 특수자를 나타내는 것이라는 점만을 이해할 수 있다. 따라서 유기체를 관찰할 때 합목적성이라는 이념을 기초로 하는 것 말고는 우리가 할 수 있는 것은 아무것도 없다. 즉, 마치 생명체 현상들의 근저에 체계적인 의도가 있는 것처럼 생명체들을 취급하는 것이다. 결국 여기서도 칸트는 무엇이 비학문적인 것인지에 대한 근거를 학문적으로 제시한 것이다.

괴테는 이제 그런 비학문적인 행태에 맞서 단호히 저항했다. 생명체의 기관을 탐구할 때 그것이 무엇에 쓰일 수 있는지를 묻는 대신, 그것이 어디서 출현했는지를 묻는 데 있어서 우리의 사유가 왜 불충분한지 괴테는 전혀 이해할 수 없었다. 이는 괴테의 본성 탓이었다. 그의 본성은 괴테에게 생명체 자신의 내적인 완전성 안에서 그 존재를 알아차릴 것을 끊임없이 요구한 것이다. 괴테가 보기에 외면적인 합목적성, 즉 다른 것을 위한 효용에만 관심을 두는 것은 비학문적인 고찰 방식이었다. 다른 것을 위한 효용이 도대체 사물의 내적인 본질과 무슨 상관이 있다는 말인가? 괴테의 관심사는 어떤 것이 무엇에 도움이 되느냐 하는 것이 아니라 그것이 *어떻게 전개되었는가* 하는 것이었다. 괴테는 대상을 완결된 사물로 고찰하는 대신, 그 사물의 생성을 고찰하여 그것의 기원을 알아내려 했다. 무엇보다 괴테를 매료시킨 것은, 특정 기관이나 유기체의 외적인 합목적성을 인정하려 하지 않았던 스피노자의 사상이었다. 괴테가 유기적인 세계 인식을 위해 요구한 방법론은, 우리가 비유기적인 세계에 적용하는 방법론과 같은 의미의 학문적인 방법론이다.

  괴테의 방법론처럼 그렇게 천재적인 방식은 아니라고 하더라도, 그런 방법론에 대한 필요성은 자연과학에서 되풀이해서 긴급하게 제기되고 있다. 물론 오늘날에는 연구자 중에서도 아주 소수만이 그 방법론의 가능성을 의심하고 있다. 그러나 그런 방법론을 도입하려고 여기저기서 이루어지고 있는 시도들이 성공할 것인지는 또 다른 문제다.

  이 문제에서 사람들은 무엇보다도 커다란 오류를 저질렀다. 사람들은 비유기적인 학문의 방법론이 유기체의 영역으로 단순하게 수용되어야 한다고 믿었다. 사람들은 여기서 응용된 방법론만이 유일하게 학문적인 방법이라 생각했다. 그리고 *유기체론*이 학문적으로 가능할 수 있으려면, 그것은 정확히 *물리학*이라는 사례가 보여주는 의미의 학문성을 지녀야 한다고 생각했다. 그러나 사람들은 학문성의 개념이 "물리적인 세계의 법칙들에 따라 세계를 해명하는 일"보다는 훨씬 더 넓은 것일 수 있다는 가능성을 망각했다. 오늘날에도 사람들은 이런 인식까지는 꿰뚫고 들어가지 못했다. 도대체 비유기적인 과학의 학문성이 어디에 근거하는가를 탐구한 뒤에 이로부터 도출되는 요구를 확고히 유지하는 가운데 생명계에 적용할 수 있는 방법론을 추구하지 않으면서, 사람들은 단순하게 현존의 하위 단계에서 얻어진 법칙들을 보편적인 것이라고 설명한다.

그러나 사람들은 무엇보다도 학문적인 사유가 일반적으로 어디에 근거하는지를 탐구해야 한다. 우리가 이 논의에서 한 것이 바로 그것이다. 앞 장에서 우리는 비유기적인 법칙성이 유일한 법칙성이 아니며, 모든 가능한 합법칙성 가운데 특별한 경우일 뿐이라는 점을 살펴보았다. 물리학의 방법론은 보편적인 학문 탐구 방식 중에서 하나의 특수 경우인데, 이것은 고찰되는 대상들의 본성과 이 학문을 필요로 하는 영역이 고려되는 경우다. 이 방법론이 유기적인 것으로 확장되면, 유기적인 것이 갖는 종별적인 차이가 해체되어 버린다. 유기적인 것을 그 본성에 따라서 탐구하지는 않으면서, 사람들은 유기적인 것에 낯선 법칙성을 억지로 들이댄다. 이처럼 유기적인 것을 부정하면, 사람들은 유기적인 것이 무엇인지를 전혀 인식할 수 없게 된다. 그런 학문적인 행태는 저차원적인 단계에서 획득한 것을 고차원적인 단계에서 단순하게 반복하는 일이 된다. 그런 학문적 행태에서 고차원적인 현존 형식을 다른 곳에서 확정된 법칙에 귀속시킬 수 있다고 믿는 바람에, 유기체적인 형식은 그들의 노력에도 불구하고 슬그머니 그들을 벗어나게 된다. 왜냐하면 그런 학문적인 행태는 유기체의 형식이 가진 고유성을 규명하거나 다루지 못하기 때문이다.

이 모든 것들이 오류에 찬 견해로부터 나온 것인데, 그것은 어느 학문의 방법론은 그 학문의 대상들에게는 외면적인 것이라는 믿음, 즉 방법론은 대상에 의해서가 아니라 *우리의* 본성에 의해 조건 지워진 것이라고 믿는 견해다. 사람들은 특정 방식으로 객체들을 사고해야만 한다고 믿으며, 그것도 아주 *모든 것*, 전체 우주에 대해 동일한 방식으로 사고해야 한다고 믿는다. 연구를 통해서 사람들은 우리의 사유가 우리 정신의 본성에 힘입어 오로지 연역적으로만, 또는 귀납적으로만, 이라는 식으로 이루어져야 한다는 것을 입증하려 한다.

하지만 그 과정에서 사람들이 간과하게 되는 것은, 우리가 소유권을 주장하고자 하는 고찰 방식을 객체들이 아마도 전혀 감당해내지 못할 것이라는 점이다.

오늘날 유기적 자연과학이 유기적인 자연에 학문적인 고찰 방식의 원리를 적용하는 것이 아니라 비유기적인 성격의 원리를 적용하고 있다는 우리의 비난은 완전히 정당하며, 이 점으로부터 우리는 현대의 자연 연구 이론가 중 확실히 가장 중요한 이론가인 해켈의 관점을 조망하게 된다.

해켈이 모든 학문적 노력에 요구하는 것은 "현상들의 *원인이 되는* 연관관계가 모든 경우에 효력을 발휘해야 한다"는 것이다. "심리적 기계론이 무한하게 연관되지 않는다면, 그리고 우리가 심리적 기능들의 역사적인 발달을 완전하게 조망할 수 있다면, 우리는 심리적 작용 모두를 영혼적인 수학 공식으로 만들 수 있을 것이다." 하고 해켈은 말한다. 이런 언명을 통해 사람들은 해켈이 원하는 바를 분명하게 알게 된다. 그는 물리적인 방법론의 틀에 따라서 전체 세계를 다루고자 하는 것이다.

이와 같은 요구는 다원주의에서도 근원적인 형태로 나타나 있지는 않다. 그것은 오히려 다원주의에 대한 오늘날의 해석에서 그 바탕을 이루고 있다. 앞에서 우리가 확인했듯이, 비유기적인 자연 속에서 하나의 사건을 해명한다는 것은, 그 사건이 다른 감각적 현실들로부터 합법칙적으로 출현하는 것을 보여준다는 것, 그리고 그 사건처럼 감각 세계에 속하는 대상들에서 그 사건을 도출한다는 것을 의미한다. 그런데 오늘날의 유기체론은 우리가 의심해서는 안 될 두 가지 *사실적 정황*을 표현하는 적응의 원칙과 *생존경쟁*의 원칙을 어떻게 사용하고 있는가? 물체가 따뜻해지는 원인을 눈에 보이는 햇볕에서 도출하듯이, 사람들은 어느 종의 성격을 그 종이 갖는 외면적인 관계로부터 도출할 수 있다고 곧바로 믿는다. 내용으로 충만한 규정들에 따라서 고찰할 경우에는 그 성격이 결코 외면적 관계들의 결과라고 입증할 수 없다는 점을 사람들은 완전히 망각하고 있다. 관계들은 어떤 것을 규정하는 영향력을 가질 수는 있으나 그것을 산출하는 원인이 될 수는 없다. 이러저러한 정황의 영향으로 인해 하나의 방식이 전개되어 이러저러한 기관이 특별하게 형성되지만, 그러나 내용적인 것, 즉 유기체의 특정한 종은 외적인 관계로부터 도출되지 않는다고 우리는 당연히 말할 수 있다. 어느 유기체는 a, b, c 라는 본질적인 속성을 가질 수 있다. 그런데 이 유기체가 특정한 외적 관계의 영향을 받으며 발달하게 된다. 그리하여 그 속성들은 a', b', c'라는 특별한 형식을 가지게 되었다. 우리가 이 영향들을 숙고하면, 속성 a는 a'의 형식으로 발달한 것이며, b는 b'로, c는 c'로 발달한 것이라고 파악하게 된다. 그러나 a, b, c의 종적인 본성은 결코 외적인 관계들의 결과로 우리에게 보일 수 없다.

사유가 향해야 할 곳은, 무엇보다도 우리가 어디로부터 그와 같은 보편자의 내용을 구하며, 또 우리가 개별 유기체를 특수한 경우로 간주해야 하는가, 하는 물음이다. 우리는 작용의 간섭으로 인한 특수화가 외부에서 오는 것이라는 점을 잘 알고 있다. 우리는 특수화된 형태 자체는 내적 원칙으로부터 도출해야만 한다. 한 유기체의 주변 조건을 탐구하면, 우리는 바로 이런 특수한 형식의 발달에 대한 해명을 얻는다. 그런데 이 특별한 형식은 그 자체로 이미 의미가 있다. 우리는 그 형식 안에 몇몇 속성이 들어 있음을 간파한다. 우리는 그것에서 무엇이 관건이 되는지 보게 된다. 그 자체로 형태를 갖춘 내용이 외면적인 현상에 맞서 등장하며, 이 내용은 우리가 그 유기체의 속성들을 도출하는 데 필요한 것을 제공한다. 비유기적인 자연에서 우리가 한 가지 사실을 지각하면, 그 사실을 해명하기 위해 제2의 사실을 찾아내려 하고, 이를 위해 다시 제3, 제4의 사실 등을 찾아간다. 그 결과 우리가 알게 되는 것은, 최초의 사실이 마지막의 사실들에 따르는 필연적인 결과라는 것이다. 그러나 유기적 세계에서는 그렇지 않다. 유기적 세계에서는 사실들 외에도 또 한 가지 요인을 필요로 한다. 우리가 외면적인 상황들이 미치는 영향의 바탕에 두어야 하는 것은, 그 상황들에 의해 수동적으로 규정되지 않고 외면적인 상황들의 영향력 안에서도 능동적으로 자신으로부터 스스로를 규정하는 어떤 것이다.

이 바탕은 무엇인가? 그것은 특수자 속에서 *보편성의 형식*으로 나타나는 것 이외의 그 어떤 것일 수 없다. 그러나 특수자 속에서는 항상 일정한 유기체가 나타난다. 따라서 그 바탕은 보편성의 형식을 가진 하나의 유기체다. 즉 모든 특수한 형식들을 자체 내에서 포괄하는 *유기체의 보편적인 형상*인 것이다.

우리는 괴테의 선례에 따라 이 보편적인 유기체를 유형*Typus*이라 명명하고자 한다. 유형이라는 단어는 그 언어적인 발달로 보면 여러 가지를 의미할 수 있다. 우리는 이 말을 괴테적인 의미에서 사용하며, 앞에서 이야기한 내용만을 생각한다. 이 유형은 개별 유기체에서는 완전하게 형성되어 있지 않다. 우리의 이성적인 사유만이 유형을 보편적인 형상으로서 현상들로부터 떼어 놓을 수 있으므로, 이성적인 사유만이 유형을 차지할 수 있다. 이로써 유형은 유기체의 이념이다. 즉, 동물 안에 있는 동물성, 개별 식물 안에 있는 보편적 식물 등이 바로 유형인 것이다.

이 유형에서 확증된 어떤 것도 생각하려 해서는 안 된다. 유형은 다윈에게 가장 적대적이었던 이론가였던 아가시J. L. Agassiz가 "신적 창조 관념의 육화"라고 일컬었던 것과는 전혀 무관하다. 유형은 철저히 유동적인 어떤 것이어서, 그로부터 하위 유형 혹은 특수화된 유형이라 간주될 수 있는 모든 특수한 종들과 유들이 도출된다. 유형은 진화론을 배제하지 않는다. 유형은 유기적인 형식들이 각각 다

124

른 방향으로 발전한다는 *사실*에 모순되지 않는다. 유형은 유기적인 발전이 순전히 연쇄적으로 등장하는 사실적인(감각으로 지각 가능한) 형식들 안에서만 나타난다는 주장에 대한 이성적인 저항이다. 유형은 이런 전체 발전의 근저에 놓여 있는 것이다. 유형은 이런 무한히 다양한 것들 사이의 연관관계를 세운다. 유형은 우리가 생명체의 외면적인 형식들로 경험하는 것들의 내면인 것이다. *다윈의 이론은 유형을 전제하고 있다.*

유형은 참된 근원유기체Urorganismus이어서, 그것이 이념적으로 특수화되면 근원식물 혹은 근원동물이 된다. 어떤 개별적이고 감각적으로 현실적인 생명체도 그것일 수 없다. 해켈이나 다른 자연주의자들이 근원형식이라고 본 것은 이미 특수한 형식이며, 유형의 가장 단순한 형식이다. 유형이 시간적으로 보아 최초에는 가장 단순한 형식으로 나타난다고 해서, 이 점이 시간적으로 뒤를 잇는 형식들이 시간적으로 선행하는 형태들의 결과로 나타난다는 점을 제한하지 않는다. 모든 형식은 *유형의 결과*로 생기고, 최초의 형식이든 최후의 형식이든 이 모든 것은 유형의 현상이다. 우리는 유형을 참된 유기체론의 기초로 설정해야 하며, 개별적인 동물 종이나 식물 종들을 단순히 그 차이에 따라 달리 도출하려 해서는 안 된다. 유형은 유기적 세계의 전체 발전 단계를 관통한다. 우리는 유형을 확보한 다음, 그 유형을 *가지고* 이 거대하고 다채로운 형식으로 이루어진 세계를 계속 탐구해야 한다. 그래야 이 세계를 이해하게 될 것이다. 그렇게 하지 않으면, 여타의 전체 경험 세계가 그렇듯이 다양한 종들로 가득한 세계도 우리로서는 아무런 연관 없는 개별체들의 모음이 되고 말 것이다. 심지어 우리가 나중에 나온 것, 더 복잡한 것, 더 복잡한 연관관계를 가진 것을 그 *이전의* 더 단순한 형식으로 환원시켜 그 단순한 것에서 근원적인 것을 얻어낼 수 있다고 믿는다 해도, 우리는 착각에 빠지게 된다. 왜냐하면 우리는 특수한 형식으로부터는 특수한 형식만을 도출했기 때문이다.

프리드리히 테오도르 피셔는 다윈 이론과 관련하여, 다윈 이론으로 인해 우리가 어쩔 수 없이 시간 개념을 바꾸게 되었다는 견해를 피력한 적이 있다. 여기서 우리는 그것이 어떤 의미의 변경이어야 하는지를 가늠할 수 있는 지점에 도달한다. 시간 개념의 변경이 보여주어야 하는 것은, 나중의 것을 이전의 것으로부터 이끌어내는 것은 어떤 해명도 아니며, 시간적으로 최초의 것이라고 해서 원리적으로도 최초의 것이라고는 할 수 없다는 점이었다. 모든 도출은 원칙을 바탕으로 이루어져야 하며, 어떤 요인들로 인해 하나의 종이 다른 종에 비해 *시간적으로 앞서서* 발전하는 데 효과적이었는지를 제시하는 것으로 만족해야 한다.

자연법칙이 비유기적인 세계에서 하는 역할을 유기적인 세계에서는 유형이 수행한다. 자연법칙이 우리로 하여금 모든 개별적인 발생을 거대한 전체의 한 부분으로 인식할 수 있도록 하는 것처럼, 유형은 우리로 하여금 개별적인 유기체를 근원형태의 특수 형식으로 간주할 수 있게 한다.

유형은 완결되어 고정되어버린 어떤 개념 형식이 아니라 유동적

126

이며 가장 다양한 형태들을 수용할 수 있는 것이라는 점을 우리는 이미 살펴보았다. 이 형태들의 수는 무한하다. 왜냐하면, 근원형식을 개별 형식이나 특수한 형식으로 만드는 어떤 것은 근원형식 자체에게는 아무런 의미가 없기 때문이다. 이 점은, 개별 경우에서 드러나는 특별한 규정들은 법칙과는 전혀 무관하기 때문에, 자연법칙이 무한하게 많은 개별적인 현상들을 규정한다는 것과 같다.

  그럼에도, 비유기적인 자연에서와는 본질적으로 다른 어떤 것이 중요하다. 비유기적인 자연에서 중요한 것은, 특정한 감각적 사실은 이러저러한 *자연법칙*이 존립하기 때문에 달리는 귀결될 수 없다는 점을 제시하는 것이다. 사실과 법칙은 두 가지 서로 다른 요소들로서 마주 서 있으며, 우리가 어떤 사실을 직면할 경우에는 사실을 규정하는 법칙을 상기하는 것 이외의 정신적인 작업은 전혀 필요하지 않다. 그런데 생명체와 그 현상들에서는 이와 다르다. 생명체에서는 우리의 경험 속에서 등장하는 개별 형식이 우리가 이미 파악했어야 할 유형으로부터 발달하는 것이 중요하다. 우리는 본질적으로 다른 방식의 정신적 과정을 수행해야 한다. 우리는 유형을 자연법칙에서 하듯 완결된 어떤 것으로 개별 현상에 대비시켜서는 안 된다.

  만약 부차적인 상황에 의해 교란되지 않는다면, 지면으로 낙하하는 모든 물체가 연속하는 각 시간 단위마다 지나가는 구간의 길이는 1:3:5:7 등의 비례로 나타난다는 사실은 완결되고 확정된 법칙이다. 두 물체(땅과 땅 위에 놓인 물체)가 대립적인 관계일 때 등장하는 것이 *근원현상*이다. 이제 법칙이 적용될 수 있는 어떤 특수한 경우가 우리의 관찰 영역 안으로 들어오면, 우리는 그 법칙을 우리에게 제공하는 관계를 바탕으로 감각적으로 관찰 가능한 사실들만을 관찰하면 되고, 그러면 우리는 법칙이 확증되었음을 알게 된다. 우리는 개별 경우를 법칙으로 환원한다. 자연법칙은 감성 세계에서는 분리되어 있는 사실들 사이의 연관관계를 밝혀준다. 그러나 또한 자연법칙은 개별 현상에 맞서 그 자체로 존립한다. 유형들에 있어 우리는 우리 앞에 놓여 있는 그 특수 경우를 근원형식으로부터 *이끌어내어야* 한다. 우리는 유형이 개별 형태를 어떻게 통제하는가를 보려는 목적으로 개별 형태에 유형을 마주 세워서는 안 된다. 우리는 개별 형태가 유형으로부터 출현하도록 해야 한다. 법칙은 현상 위에 군림하는 것으로서 현상을 지배하지만, 유형은 개별 생명체 안으로 흘러들어 그 생명체와 동화된다.

따라서 유기체론이 기계론이나 물리학과 같은 의미의 학문이고자 하려면, 유형을 가장 보편적인 형식으로, 그리고 그것을 다양한 이념적인 특수 형태들 안에서 보여주어야 한다. 물론 기계론도 다양한 자연법칙의 집합체이고, 그에 포함된 실제 조건들은 완전히 가설적으로 설정되어 있다. 유기체론에서도 사정은 같을 것이다. 합리적인 학문이 될 수 있으려면, 유기체론에서도 그 안에서 유형이 만들어지는 특정한 형식들을 가설적으로 설정해야만 할 것이다. 그런 다음에 어떻게 해서 이 가설적인 형태들이 우리의 관찰 앞에 놓여 있는 특정 형식으로 항상 환원될 수 있는지가 해명되어야 할 것이다.

우리가 비유기적인 것 속에서 어떤 현상을 하나의 법칙으로 환원하듯이, 유기체에서는 특수한 형식을 근원형식으로부터 *전개*한다. 유기적인 학문은 보편과 특수의 외면적인 대조를 통해서가 아니라 하나의 형식을 다른 형식으로부터 전개하는 것을 통해서 가능해진다.

기계론이 자연법칙들의 체계이듯이, 유기체론은 유형이 전개된 형식들의 결과라야 한다. 한 가지 다른 점은, 기계론에서는 개별 법칙들을 총괄해서 하나의 *전체*가 되도록 *질서를 부여*하지만, 유기체론에서는 개별 형식이 생동적으로 서로 다르게 산출되도록 두어야 한다.

여기서 다음과 같은 반론이 가능할 것이다. 만약 유형적인 형식이 철저하게 유동적인 어떤 것이라고 한다면, 각각 배열된 특수 유형의 연쇄를 유기체론의 내용으로 설정하는 것이 도대체 어떻게 가능한 것인가? 우리가 관찰하는 특수 경우 속에서 유형의 특수 형식을 인식한다는 것은 물론 충분히 생각할 수 있지만, 학문을 위해서는 실제로 관찰된 경우들을 단순하게 취합하는 것만으로는 부족하다.

이 문제는 달리 해결될 수 있다. 사람들은 유형으로 하여금 그것의 가능성들을 관통하도록 하여 이러저러한 형식을 (가설적으로) 확증할 수 있다. 이런 방법을 통해 사람들은 사유에 의해 유형으로부터 도출된 일련의 형식들을 합리적인 *유기체론*의 내용으로 얻게 된다.

기계론처럼 가장 엄밀한 의미에서 완전한 학문이 되는 유기체론은 가능하다. 다만 그 방법론이 다를 뿐이다. 기계론의 방법론은 증명하는 방법론이다. 각각의 증명은 특정한 규칙에 의거한다. 항상 특정한 전제가 있으며(즉, 경험이 가능한 조건들이 주어져 있다), 이 전제들이 있어야 경험 안에 등장하는 것이 규정된다. 그렇게 되면 우리는 법칙을 바탕으로 하여 개별 현상을 개념적으로 파악하게 된다. 우리는, '이 조건 아래에서는 어떤 현상이 *반드시* 등장한다. 이런 조건들이 주어져 있으므로, 이 현상이 나타날 것이다.' 하고 생각한다. 이것이 우리가 비유기적인 세계의 사건을 해명하기 위해서 그 사건에 접근할 때 우리가 사유하는 과정이다. 이것이 증명을 기반으로 하는 방법론이다. 이것은 현상을 완전하게 개념과 합치시키기 때문에, 또 이 방법론을 통해서 지각과 사유가 일치되기 때문에, 학문적인 방법론이다.

이런 증명하는 방법론으로 우리는 유기체적인 것의 학문에서 어떤 것도 시작할 수 없다. 유형은 특정 조건들 아래서 특정 현상이 드러난다고 규정하지 않는다. 유형은 서로에게 낯설고 외면적으로 대치해 있는 부분들의 관계를 어떤 것으로도 대체해주지 않는다. 유형은 자신의 부분들의 법칙성만을 규정한다. 자연법칙은 자신을 넘어서는 것을 보여주지만, 유형은 그렇지 않다. 특수한 유기적 형식들은 *보편적인 유형 형태로부터만 전개될 수 있으며*, 경험에서 등장하는 유기적인 본질은 유형에서 도출된 형식과 일치해야만 한다. 여기서는 전개하는 방법론이 증명하는 방법론의 자리를 차지한다. 이 방법론이 규명하는 바는, 외면적인 조건들이 상호적으로 작용하여 특정 결과가 도출된다는 것이 아니라, 특정한 외면적 관계들 아래서 특수한 형태가 유형으로부터 형성된다는 것이다. 이 점이 비유기적인 학문과 유기적인 학문 간의 분명한 차이다. 괴테의 탐구 방식보다 더 일관되게 이런 방법론을 바탕으로 하는 방식은 없다. 유기적인 학문이 미지의 신비주의, 목적론, 특수한 창조론적 관념의 가정 없이도 가능하다는 점을 괴테만큼 인식한 사람은 없었다. 하지만 동시에 비유기적인 자연과학의 방법론을 가지고 유기체론을 시작해야 한다는 요구를 괴테만큼 분명하게 제시한 사람도 없었다.주석 7

우리가 앞에서 보았듯이, 유형은 근원현상보다 내용이 더 많은 학문 형식이다. 유형은 비유기적인 방법보다 우리 정신의 더 집중적인 활동을 전제한다. 비유기적인 자연 사물을 숙고하면, 감각 지각은 우리에게 그 사물의 내용을 제공한다. 유기적인 것에서는 정신을 통해서만 수용하는 것을, 비유기적인 것에서는 감각 조직이 우리에게 제공한다. 단 맛, 신 맛, 온기, 냉기, 빛, 색채 등을 지각할 수 있기 위해서는 건강한 감각만 있으면 된다. 그런 지각에서 우리는 질료에 대한 *사유 안에서* 그 형식만 발견하면 된다. 그러나 유형 안에는 내용과 형식이 서로 밀접하게 결합되어 있다. 따라서 유형은 법칙이 내용을 규정하는 것과 같이 오로지 형식적으로만 내용을 규정하는 것이 아니라, 그 내용을 생동적으로 꿰뚫고 들어가 그 내부로부터 그 자신의 내용으로서 규정하게 된다. 형식적인 것을 가지고 내용적인 것의 산출에 생산적으로 참여해야 한다는 과제가 우리의 정신에 접근해 오는 것이다.

형식과 내용이 직접적인 연관 관계를 가진 채 나타나는 그런 사유 방식은 직관적intuitiv 사유 방식이라 명명된다.

직관Intuition은 학문적인 원칙으로서 반복해서 등장한다. 영국 철학자 토머스 리드Thomas Reid는 우리가 외적인 현상들(감각 인상들)을 지각함으로써 동시에 현상의 존재를 확신한다는 의미로 직관을 정의한다. 야코비F. H. Jacobi는, 우리가 신을 느낄 때는 그 느낌 안에 신의 현존만이 아니라 그 현존에 대한 보증도 내재한다고 생각했다. 이런 판단 또한 직관적이라고 명명된다. 알다시피 내용적인 것에는 언제나 그 자체보다 더 많은 것이 주어져 있어서, 사람들이 증명 없이도 단순히 직접적인 확신을 통해 관념적인 규정들에 관해 알고 있다는 것이 특징이다. 사람들이 믿기로는, "존재"와 같은 관념적 규정들은 지각의 질료를 통해 증명할 필요 없이 내용과의 불가분적인 통일 안에 주어져 있다는 것이다.

이것이 현실적으로 일치하는 경우가 바로 유형이다. 따라서 유형은 증명을 위한 어떤 수단도 제공하지 않고, 각각의 특수 형식을 그 자체로부터 전개할 가능성만을 제시할 따름이다. 그러므로 우리의 정신은 자연법칙을 파악할 때보다 유형을 파악할 때 훨씬 더 집중적으로 작동해야 한다. 정신은 형식을 가지고 내용을 산출해야 한다. 비유기적인 자연과학에서는 감각이 하는 활동, 즉 우리가 통찰Anschauung이라고 부르는 활동을 정신이 구비하고 있어야만 한다. 이렇게 더 차원 높은 단계에서 정신은 그 자체로 직관적이어야만 한다. 우리의 판단력은 *사유하면서 직관해야* 하고 *직관하면서 사유해*야 한다. 우리는 여기서 괴테가 최초로 논의했던 직관적인 판단력anschauende Urteilskraft을 다루게 된다. 이를 통해 괴테는 칸트가 인간의 전체 소질을 다 살펴보아도 인간에게는 속하지 않는 능력이라고 증명하려고 했던 것을 인간 정신 속에서 필연적인 파악 형식이라고 증명한 셈이다.

유기적인 자연 안에서 유형이 비유기적인 자연의 자연법칙(근원 현상)에 해당한다면, 직관(직관적인 판단력)은 증명하는(반성적인) 판단력에 해당한다. 하위의 인식 단계에서나 통용될 수 있는 법칙들을 비유기적인 자연에 적용할 수 있다고 믿었듯이, 사람들은 또한 동일한 방법론이 유기적 자연과 비유기적 자연에서 똑같이 통용될 수 있을 것이라고 잘못 생각했다. 이 양자는 모두 오류다.

사람들은 종종 학문에서 직관을 매우 낮은 가치를 갖는 것으로 다루었다. 사람들은 괴테가 직관을 가지고 학문적인 진리들에 도달하려고 했다는 점이 괴테의 정신에 있는 모종의 부족함이라고 생각했다. 학문적인 *발견*에 있어서는, 많은 사람이 직관적인 방식으로 얻는 것을 매우 중요하게 생각하기는 했다. 그렇게 직관적으로 *떠오르는 생각*이 방법적으로 학습된 사유보다 우리를 더 멀리 이끈다고 사람들은 말하곤 한다. 왜냐하면, 어떤 것이 옳은 것인지에 대해 연구자가 먼 길을 돌아 확신하게 된 것과 같은 생각을 누군가가 우연히 하게 되었을 때, 그런 갑작스러운 생각이 흔히 직관이라 불리기 때문이다. 그러나 직관 자체가 학문의 원칙일 수 있다는 점은 항상 부정된다. 직관으로 알게 된 것도, 그것이 학문적인 가치를 가질 수 있으려면 사후적으로는 증명되어야 한다는 것이 사람들의 생각이다.

그런 식으로 사람들은 괴테의 학문적인 성과들도 기지 넘치는 직관적 생각들로 치부했는데, 그의 사후에야 그것들의 신빙성이 엄밀한 학문을 통해 입증되었다.

하지만 유기적인 학문에서 직관은 올바른 방법론이다. 우리가 생각하기로는, 앞서 상술한 바에 의해, 괴테의 정신이 직관에 경도되었다는 바로 그 점 때문에 유기적인 것 속에서 참된 길을 발견할 수 있었다는 점이 매우 분명하게 드러난다. 유기체론 고유의 방법론이 괴테의 정신적 면모와 일치한 것이다. 이를 통해 괴테에게 더 분명해지게 된 것은, 유기체론이 비유기적인 자연과학과 어느 정도까지 다른가, 하는 문제였다. 그 둘을 대조함으로써 괴테에게는 그 차이가 명확해졌다. 이로써 괴테는 그 둘을 예리하게 구분함으로써 비유기적인 것의 본질을 드러냈다.

직관이 저평가되어 다루어지는 것은, 증명하는 학문의 성과에 부여하는 정도의 신뢰를 직관의 성과에는 줄 수 없다는 사람들의 생각에 큰 원인이 있다. 사람들은 종종 자신들이 증명한 것만을 *지식*이라고 부르면서 여타의 모든 것은 *믿음*에 지나지 않는 것으로 여긴다.

사유 속에서는 세계의 핵심을 본질적으로 파악하는 반면에 직관은 세계의 핵심을 우리가 전혀 탐구할 수 없는 피안으로 옮겨 놓는다고 확신하는 *우리의* 학문 방향 안에서는, 직관이 완전히 다른 것을 의미한다는 점을 생각해야 한다. 우리가 경험하는 세계든 사유를 통해 그 안으로 침투하는 세계든, 우리 앞에 놓여 있는 이 세계 속에서 그 반사광만을 보는 자, 다시 말해 얼핏 *보거나* 학문적으로 연구하거나 간에 그 가림막을 뚫지 못해 숨겨진 채 있는 피안의 것이자 미지의 것, 작용하는 것에 관해서 그 상 이상의 것을 보지 못하는 자는, 오로지 증명하는 방법론을 통해서만 사물의 본질을 통찰하지 못하는 결핍을 채운다. 그런 사람은 관념의 결합이 사유에 주어진 본질적인 내용을 통해서 직접적으로, 다시 말해 사태 자체를 통해서 가능해진다는 견해까지 도달하지 못하기 때문에, 그는 너무나 단순해서 증명해 보일 능력도 없을뿐더러 증명을 요구하지도 않는 몇몇 근본 신념들(공리들)과 이 관념의 결합이 조화된다는 점에 기댈 수 있을 따름이다. 이때 증명되지 않은 어느 학문적인 주장이 주어지면, 즉 그 본성 전체에 따라 증명하는 방법론을 배제하는 주장이 그에게 주어지면, 그 주장은 그에게는 외부로부터 강제된 것처럼 보인다. 진리의 타당성 근거들이 무엇인지를 그가 인식하지도 못하는 가운데 진리가 그에게 접근하는 것이다. 그는 지식도, 사태 자체로의 통찰도 갖지 못했다고 믿으며, *자신의 사유 능력 바깥에* 진리의 타당성에 대한 모종의 근거들이 있을 것이라는 믿음에만 몰두할 수 있다고 믿는다.

우리의 세계관은 증명하는 방법론의 한계를 학문적인 확신의 한계로 간주해야 하는 위험에 노출되지 않는다. 우리의 세계관은, 세계의 핵심이 우리의 사유 속으로 흘러들어 우리가 세계의 본질에 *관해* 사유할 뿐만 아니라 사유가 현실의 본질과 동행한다는 견해로 우리를 이끈다. 우리에게는 직관과 함께 진리가 외부로부터 쇄도하지 않는다. 왜냐하면, 우리의 관점으로는 우리가 금방 설명한 것처럼 우리의 방향과 대립된 학문적 방향이 가정하는 방식으로는 외부와 내부가 있지 *않기* 때문이다. 우리에게는 직관이 직접적으로 내면에

135

있음이며, 이는 우리에게 진리와 관련하여 고려되는 모든 것을 제시하는 진리로 침투해 들어감이다. 진리는 직관적인 판단으로 우리에게 주어진 것 안에서 완전히 떠오른다. 믿음에서 관건이 되는 특징적인 것das Charakteristische, 즉, 우리에게 주어진 것은 확증된 진리일 뿐, 그에 대한 근거들은 없다는 점, 그리고 해당 사태 내로 꿰뚫고 들어가는 통찰이 우리로부터 이탈한다는 점이 완전히 부재한다. 이런 믿음에서의 특성적인 것은 우리의 관점에서는 완전히 부정된다. 직관의 도정에서 획득된 통찰 또한 증명된 통찰만큼이나 *학문적*이다.

각각의 개별 유기체는 유형이 특수한 형태로 발전하여 구성된 것이다. 개별 유기체는 어느 중심으로부터 나와 스스로를 조정하고 규정한 개별자다. 개별 유기체는 자기 내에서 완결된 전체인데, 비유기적인 자연에서는 우주가 비로소 완결된 전체라고 할 수 있다.

비유기적인 학문의 이상은 모든 현상들의 총체를 통일적인 체계로 파악하는 것이다. 그렇게 되면 우리는 의식을 가지고 모든 개별 현상에 마주 선다. 우리는 개별 현상을 우주를 이루는 한 부분으로 인식한다. 이와는 반대로 유기적인 학문에서 이상은 유형 그리고 유형의 현상 형식들 속에서 우리가 개별 존재의 배열 안에 *전개되는* 바를 보는 것을 가장 완전하게 갖는 것이다. 유형이 모든 현상에서 관통하는 것, 이것이 유기적 학문에서는 표준을 제시한다. 비유기적인 학문이 *체계*로 파악하는 것이면, 유기체론은 (모든 개별 형식을 유형에) *비교*한다.

분광학과 완벽한 천문학은 지상의 한정된 영역에서 머무는 진리

들을 우주 전체로 확장한다. 이로써 이 학문들은 최초의 이상에 다
가간다. 두 번째 이상은 *괴테가 응용한 비교방법론*의 영향력이 인식
될 경우 실현될 것이다.

F

정신과학들

17. 서론: 정신과 자연

우리는 자연 인식의 영역을 두루 섭렵했다. 유기체론은 자연과학에서 최상의 형식이다. 이 유기체론보다 상위에 있는 것이 정신과학들이다. 정신과학들이 인간 정신에게 요구하는 객체에 대한 태도는 자연과학들의 요구와 본질적으로 다르다. 자연과학에서 정신이 수행하는 역할은 보편적인 것이었다. 정신에 부과된 과제는 말하자면 세계 과정 자체를 완결하라는 것이다. 정신이 결여된 채 현존했던 것은 현실의 반쪽일 따름이었고 모든 점에서 불완전했다. 그때 정신은 정신의 주관적인 개입 없이도 효력을 발휘할 현실의 가장 내적인 추동력을 현상적인 현존이 되도록 했다. 인간이 정신적인 이해 능력을 갖추지 못한 감각적 존재에 지나지 않는다면, 비유기적인 자연 또한 인간에 못지 않게 자연법칙에 종속될 테지만, 자연법칙들은 결코 그렇게 현존하는 것으로 드러나지는 않을 것이다. 작용을 받는 것(감각 세계)을 지각하는 존재는 있을지언정 작용하는 것(내적 법칙성)을 지각하는 존재는 없을 것이다. 한갓 감각적 존재에 있어서는 자연의 외적 측면만이 현존하는 반면, 인간 정신 속에서 현상으로 드러나는 자연은 정말 본래적이고도 참된 형태다. 여기서 학문은 세계 차원에서 매우 중요한 역할을 담당한다. 학문은 창조의 완결이다. 창조는 자연이 자기 자신과 나누는 토론이며, 이 토론이 인간 의식에 반영된다. 사유는 자연을 형성하는 과정에서 최후에 나타나는 부분이다.

정신과학에서는 사정이 다르다. 정신과학에서 우리의 의식은 정신적 내용 자체와 관계가 있다. 즉, 개별적인 인간 정신, 문화의 창조물인 문학, 연속적으로 전개되는 학문적인 주장들, 예술의 창조들과 관계가 있는 것이다. 정신적인 것은 정신을 통해 파악된다. 여기서 현실 안에는 이미 관념적인 것, 합법칙적인 것이 들어 있다. 그렇지 않으면 정신의 합법칙성은 정신적인 이해 속에서 비로소 등장한다. 자연과학에서는 대상들에 관한 추사유의 결과인 것이, 정신과학에서는 정신에 이미 내재한다. 학문은 각기 다른 역할을 떠맡는다. 또한 본질은 이미 객체 속에서 학문 활동 없이도 현존해 있을 것이다. 우리가 다루는 것은 인간의 행위, 창조, 이념들이다. 이는 인간이 자기 자신과의 토론이자 인류와 나누는 토론이다. 여기서 학문은 자연에 대한 것과는 다른 임무를 수행해야 한다.

이 임무는 먼저 인간의 욕구로 다시 등장한다. 자연의 현실에 관한 자연의 이념을 발견할 필요성이 먼저 우리 정신의 욕구로 등장하는 것처럼, 정신과학의 과제는 먼저 인간의 열망으로서 현존한다. 주관적인 욕구라고 알려지는 하나의 객관적인 사태가 다시 존재한다.

인간은 비유기적인 자연의 본질과는 달리 외부의 규범들에 따라서, 즉 인간을 *지배하는* 법칙성에 따라서 다른 존재에 영향을 행사해서는 안 된다. 또한 인간은 보편적인 유형의 개별 형식이 아닐뿐더러, 자기 활동과 현존의 목적과 목표를 스스로 설정해야 한다. 만약 자신의 행위가 법칙의 결과라고 한다면, 이 법칙은 그 자신이 스스로 설정한 것이어야 한다. 인간 자체가 무엇인지, 인간이 인간들 사이에서, 그리고 국가와 역사 속에서 어떤 존재인지는 외면적인 규정으로 정해져서는 안 된다. *인간은 자기 자신을 통해서만 자기 존재가 되어야 한다.* 인간이 어떻게 세계라는 구조에 편입되는가는 전적으로 자신이 결정하는 것이다. 인간은 스스로 세계의 운행에 참여할 수 있는 지점을 발견해야만 한다. 여기서 정신과학들에게 과제가 주어진다. 인간은 정신세계를 알아야 그 인식을 바탕으로 세계에서 자신이 차지하는 부분을 규정할 수 있다. 이로부터 심리학, 민속학, 정신과학 등을 충족할 임무가 발생한다.

법칙과 활동이 분리되고, 활동이 법칙에 지배되는 것으로 나타나는 것은 자연의 본질이다. 이와 반대로 *자유의* 본질은 법칙과 활동 양자가 일치한다는 점이며, 작용하는 자가 작용 속에서 직접 살아 숨쉬고 작용 받는 자가 스스로를 통제한다는 점이다.

정신과학들은 따라서 비상한 의미에서 자유의 학문이다. 자유의 이념은 정신과학의 중심점, 정신과학을 지배하는 이념이어야 한다. 미학에 관한 실러의 편지들이 대단히 높은 위상을 차지하는 것은, 그것들이 미의 본질을 자유의 이념 속에서 발견하고자 했기 때문이며, 자유란 미를 관통하는 원칙이기 때문이다.

보편성 안에서, 즉 세계 전체 안에서 정신이 차지하는 위치는 개별자로서 정신이 스스로에게 부여하는 위치에 지나지 않는다. 유기체론에서는 항상 보편자, 즉 유형 이념을 놓치지 않고 있어야 하는 반면, 정신과학에서는 개인성의 이념이 확보되어야 한다. 보편성(유형) 속에서 살아 숨쉬는 이념과 같은 것이 아니라 개별 존재(개체) 속에서 등장하는 이념과 같은 것이라는 사실이 중요하다. 물론 개인성의 이념에서 결정적인 것은 우연적인 개별적 존재의 개인성이거나 이러저러한 개인성이 아니라 *개인성 자체*다. 그러나 개인성 자체는 자신으로부터 출발하여 특수한 형태들로 전개되어 감각적인 현존으로 형성되는 것이 아니라, 자기 자신으로 충분하며 자신 안에서 완결되어 있으며 자신 안에서 그 규정을 발견하는 것으로 존재한다.

유형은 개체 속에서 비로소 현실화된다는 규정을 갖는다. 인격을 가진 개인die Person은 이미 관념적인 것으로서 실제로 자기 자신 안에 깃들여 있는 현존재를 획득하라는 규정을 갖는다. 보편적인 인류는 보편적인 자연법칙과는 전혀 다른 것이다. 자연법칙에서는 특수한 것이 보편적인 것을 통해 조건 지워지지만, 인류라는 이념에서는 보편성이 특수한 것을 통해서 조건 지워진다. 우리가 역사에서 보편법칙들을 찾아낸다면, 그 보편법칙들은 역사적인 인물들에 의해 목적과 이상으로 미리 정해진 한에서 보편법칙들이 된다. 이 점이 자연과 정신의 내적인 대립이다. 자연이 요구하는 학문은 *제약된 것*으로 직접 주어진 것에서부터 *제약하는 것*으로서 정신 속에서 파악 가능한 것으로까지 상승하는 것이다. 정신이 요구하는 학문은 *제약하는 것*으로서의 주어진 것에서부터 *제약된 것*으로까지 발전하는 것이다. 이렇게 특수한 것이 동시에 법칙을 정립하는 것이라는 사실이 정신과학들의 성격이고, 법칙을 정립하는 역할이 보편적인 것에게 주어지는 것이 바로 자연과학이다.

자연과학에서는 통과지점으로서만 우리에게 가치 있는 특수한 것이, 정신과학에서는 유일하게 우리의 관심 대상이 된다. 자연과학에서 우리가 찾고자 하는 *보편적인 것*은, 정신과학들에서는 *특수한 것*에 관해 우리에게 해명할 경우에만 고찰의 대상이 된다.

만약 사람들이 자연에 맞서서 특수한 것의 직접성을 고수하려 한다면, 이는 학문의 정신에 반하는 일이 될 것이다. 그러나 사람들이 그리스 역사 같은 것을 보편적인 개념 도식 안에 포괄하고자 한다면, 이 역시 정신을 사멸시키는 일이 될 것이다. 그렇게 되면 자연과학에서는 현상에 달라붙어 있는 의미가 어떤 학문도 이루지 못할 것이며, 정신과학에서는 보편적인 정형을 따르는 정신이 개별적인 것이 갖는 모든 의미를 상실하게 될 것이다.

18. 심리학적 인식

정신이 자기 자신을 다루게 되는 최초의 학문은 심리학이다. 심리학에서 정신은 자기 자신을 관찰하는 가운데 자신에 맞서 있다.

피히테는 인간이 자신의 실존을 자기 안에 정립하는 한에서 인간에게 실존을 인정했다. 달리 말하면, 인간의 개인성은 개인성의 본질을 통찰하는 힘 덕택으로 자신의 것이라고 주장하는 표징, 속성, 능력 등을 갖는다. 스스로 그 내용을 전혀 알지 못하는 자신의 인간적 능력이라면, 인간은 이를 자신의 것이라 인식하지 못할 것이다. 그런 경우 인간은 그 능력을 자신이 아닌 타인의 것으로 여길 것이다. 우주의 바로 이 진리가 모든 학문의 근거가 될 수 있다고 피히테가 생각했다면, 그것은 오류일 수밖에 없다. 그 진리는 심리학의 최상 원칙이 되도록 규정된 것이다. 그 진리는 심리학의 방법론을 규정한다. 만약 정신이 그 진리를 자기 자신에게 있는 것으로 여기는 한에서 속성을 가진다면, 정신을 정신 자신의 활동에까지 깊이 들어가도록 하는 것이 심리학적인 방법론이 된다. 따라서 자기 이해야말로 심리학의 방법론인 것이다. (이 단락은 피히테의 지식학에 대한 슈타이너의 비평을 담고 있다. 피히테가 전체 학문의 토대를 인간의 "자기의식적인 정립 행위"에서 마련했는데, 슈타이너는 이것이 전체 학문을 위한 토대라기보다는 심리학의 토대가 될 뿐임을 지적한 것이다.-역자)

당연한 이야기지만, 이를 통해 우리가 심리학을 (이러저러한) 개별 인간의 우연적인 속성에 관한 학문으로 제한하려는 것은 아니다. 우리는 개별 정신을 정신의 우연적인 제약과 부차적인 표징에서 떼어내어, 개인 자체를 고찰하는 것으로까지 고양하기를 시도한다.

우리에게 중요한 것은 완전히 우연적인 개개인의 개별성 하나하나를 고찰하는 것이 아니라 자신을 자기 자신으로부터 규정하는 개인 자체를 명확하게 이해하는 것이다. 이때 우리가 관련해야 할 바가 다만 인류의 유형이라고 말하려는 사람이 있다면, 그는 유형과 일반화된 개념을 혼동하고 있다. 유형에서 본질적인 것은, 그것이

144

보편적인 것으로서 자신의 개별 형식들과 맞서 있다는 점이다. 그러나 개별 인간이라는 개념에서는 그렇지 않다. 심리학에서 보편자는 개별 존재 속에서 직접적으로 활동하며, 이 활동은 자신이 정향하고 있는 각각의 대상들에 따라 서로 다른 방식으로 표현된다. 유형은 개별적 형식들 안에서 살아 숨쉬며, 외부 세계와 상호작용하는 가운데 이 형식들 안에 등장한다. 인간 정신의 형식은 단 하나뿐이다. 인간 정신에서는 저 대상들이 인간의 감각을 작동시키지만, 유형에서는 이 이상이 인간을 고무하여 행동으로 이끈다. 언제나 관건이 되는 바는 인간 정신의 특수한 형식이 아니라 완전하고 충만한 인간이다. 우리가 완전하고 충만한 인간을 파악하려면, 인간을 그 주변 조건에서 떼어내야 한다. 유형을 확인하려 한다면, 개별 형식에서 근원형식으로 거슬러 올라가야 한다. 정신을 확인하려 한다면, 정신이 자신을 알리는 표현들과 정신이 수행하는 특수한 행위들을 무시한 채, 정신 그 자체를 있는 그대로 고찰해야만 한다. 정신이 이러저러한 상황에서 어떻게 행동했는지가 아니라 일반적으로 어떻게 행동하는지를 주의 깊게 알아내야 하는 것이다. 유형에서는 보편적인 형식이 개별적인 형식들과의 비교를 통해 추출되어야 하는 반면, 심리학에서는 개별 형식이 주변 조건들로부터 따로 떼내어지기만 하면 된다.

심리학에서 우리는 더 이상 유기체론에서처럼 특수한 존재 속에서 보편자인 근원형식의 모습을 인식하지 않고, 특수한 존재를 근원형식 자체라고 지각한다. 심리학에서는 인간이라는 정신적 존재를 근원형식의 이념이 형상화한 것으로 인식하지 않고 근원형식 *자체*

가 형상화한 것으로 인식하는 것이다. 야코비는 우리가 우리 내면을 지각할 때 동시에 통일적인 본질이 그 내면의 근저에 놓여 있다는 견해(직관적인 자기이해)를 가진다고 생각한다. 그런데 우리는 이 통일적인 본질 자체를 지각하는 것이고, 따라서 이런 관념은 오류가 된다. 다른 경우에는 직관인 것이 여기서는 자기 고찰이 된다. 이 점은 현존재의 최상의 형식에서 사실적으로도 필연적이다. 정신이 현상들로부터 추출할 수 있는 것은 정신이 획득할 수 있는 내용의 최상 형식이다. 정신이 자기 자신에 대해 반성하면, 정신은 자신을 이 최상 형식의 직접적인 표명으로, 그 형식의 담지자로 인식할 수밖에 없다. 자신의 개별성 안에서 정신은, 다양한 형태를 띤 현실 안에서 통일성이라고 발견하는 것을 직접 현존하는 것으로 발견해야만 한다. 정신은 자신이 보편적인 것으로서 특수성에 대치시키는 것이 개별자인 자신의 보편적인 본질 자체임을 인정해야 한다.

이 모든 것을 통해 미루어 볼 때, 참된 심리학은 활동을 정신의 속성으로 받아들일 때에만 이루어질 수 있다. 그런데 이 시대의 사람들은 이 방법론 대신 다른 방법론, 즉, 정신 *자체*가 아니라 정신이 활동하는 현상들을 심리학의 대상으로 삼는 방법론을 세우려 한다. 사람들은 비유기적인 자연 사실들에 대해 하듯 정신의 개별적인 표현들에도 외적인 연관관계를 설정할 수 있다고 믿는다. 그런 식으로 사람들은 "영혼 없는 영혼론"을 정초하고자 한다. 우리의 고찰에 따르면, 이런 방법론에서는 관건이 되는 중요한 사실이 시야에서 사라지게 된다. 사람들은 정신을 정신의 표현들로부터 떼어내야 할 것이

146

고, 표현들의 산출자인 정신으로 돌아가야만 할 것이다. 그 표현은 잊어버리고 정신에 관심을 집중해야 하는 것이다. 여기서도 사람들은 역학이나 물리학 등의 방법론을 모든 학문에 적용하고자 하는 잘못된 견해로 오도되었다.

통일적인 영혼은 영혼의 개별적인 행위들과 마찬가지로 우리에게 경험에 적합한 방식으로 주어져 있다. 모든 사람은 자신의 사유, 감정, 의지가 자신의 "나das Ich"로부터 출발한다는 점을 의식하고 있다. 우리의 개인성의 모든 활동은 우리 존재의 이 중심점과 결합해 있다. 사람들이 어떤 행위에서 인격성과의 이 결합을 무시하면, 그 행위는 더 이상 영혼의 현상이 아닌 것이 된다. 행위가 비유기적 혹은 유기적 자연의 개념으로 간주되는 것이다. 내가 탁자에 놓여 있는 두 개의 공 가운데 하나를 다른 하나를 향해 굴린다고 하자. 나의 의도와 의지를 고려하지 않는 경우, 이때 일어나는 모든 일은 물리적이거나 생리적인 사건이 된다. 정신의 모든 표현인 사유, 감각, 의지에 관해서 중요한 것은, 이것들을 그 본성 속에서 개인성의 표현으로 인식하는 것이다. 이것이 바로 심리학의 바탕이다.

인간은 자기 자신에 속할 뿐만 아니라, 또한 사회에 속한다. 인간 속에서 살아 숨 쉬는 것은 그의 개별성만이 아니라, 그가 속해 있는 민족의 개별성이기도 하다. 그가 완수하는 것은 그의 개별성에서 산출되는 것임과 동시에 자기 민족의 생명력에서 산출되는 것이기도 하다. 인간은 자신의 사명으로 동족의 사명 중 한 부분을 완성한다. 여기서 중요한 것은, 이런 인간이 민족의 내부에서 자기 개별성의 힘을 완전히 발휘할 수 있는 자리를 가져야 한다는 점이다. 그렇게 되려면, 민족이라는 유기체가 각 개인이 자기 방식으로 행동할 수 있는 자리를 마련해줄 수 있는 것이어야 한다. 각 개인이 그런 자리를 찾아내는 일이 우연에 내맡겨져서는 안 된다.

민족공동체 내부에서 개별성이 살아 숨쉬는 모습을 연구하는 것은 민속학과 국가학의 일이다. 민족의 개별성은 국가학의 대상이다. 민족의 개별성이 국가 속에서 표현되어야 할 경우, 이 학문은 국가라는 유기체가 수용해야 하는 형식을 제시해야 한다. 한 민족이 만들어내는 헌법은 그 민족의 가장 내적인 본질에서 자라나야 한다. 이 점에 대해서도 가벼이 넘길 수 없는 잘못된 견해들이 통용되고 있다. 국가학은 경험과학으로 간주되어서는 안 된다. 사람들은 모든 민족의 헌법을 기존의 틀에 따라 만들어낼 수 있다고 믿는다.

한 민족의 헌법은 개별 민족의 성격을 특정한 법률 형식들로 확정한 것일 따름이다. 민족의 특정한 활동성이 작동할 방향을 제시하려는 사람은 그 민족에게 외면적인 것을 요구해서는 안 된다. 그는 단순하게 무엇이 민족의 성격 안에 의식되지 않은 채 놓여 있는지를 드러내야 하는 것이다. "지성적인 사람, 이성적인 사람이 지배하는 것이 아니라 지성, 그리고 이성이 지배한다." 하고 괴테는 말한다.

민족의 개별성을 이성적인 것으로 파악하는 것은 민속학의 방법론이다. 인간은 전체에 속하며, 이 전체의 본성은 이성에 의한 조직 die Vernunftorganisation이다. 여기서도 또 한 번 괴테의 의미심장한 말을 인용한다. "이성적 세계는 사멸되지 않는 거대한 개체, 필연적인 것을 부단히 작동시키며 이를 통해 우연적인 것까지도 지배하는 주인이 되는 개체로 고찰될 수 있다." 심리학의 탐구 대상이 개별 인간인 것처럼, 민속학(민족 심리학)의 탐구 대상은 저 "사멸되지 않는 개체"인 것이다.

19. 인간의 자유

인식의 원천에 관한 우리의 견해는 실천적인 행위들에 관한 견해에 끼친 영향력 없이는 있을 수 없다. 인간은 자기 자신 속에 놓여 있는 관념적인 규정들에 따라 행위하기 때문이다. 인간이 행하는 바는 인간 스스로가 설정하는 의도와 목표를 지향한다. 이 목표, 의도, 이상 등은 인간의 여타 관념 세계들과 같은 성격을 담게 되리라는 점에는 의심의 여지가 없다. 그리하여 교조적인 학문의 실천적 진리가 있게 되며, 이 실천적인 진리는 우리의 인식론의 귀결로 얻어지는 진리와는 본질적으로 다른 성격을 갖는다. 인간이 학문에서 도달하게 되는 진리가 사유의 외부에 자리하는 사실적인 필연성에 의해서 좌우된다면, 그런 진리는 인간이 자기 행위의 근거로 삼는 이상이 될 것이다. 그렇게 되면 인간은 사실적인 견지에서 그가 갖고 있지 못한 것에 토대를 둔 법칙에 따라 행위하는 셈이 된다. 인간은 외부로부터 자신의 행위에 주어지는 규범을 떠올리는 것이다. 그러나 이것은 인간이 관찰해야만 할 명령의 성격이다. 실천적인 진리로서의 교조는 도덕명령das Sittengebot이다.

우리의 인식론이 정초되는 상황은 이와는 전혀 다르다. 우리의 인식론은 진리 자체 안에 있는 관념적 내용만을 진리의 토대로 인식한다. 따라서 윤리적 이상이 성립한다면, 윤리적 이상은 그 내용 안에 있으면서 우리의 행위를 이끄는 내적인 힘이다. 이상이 법칙으로서 우리에게 주어져 있으므로 그에 따라서 행위하는 것이 아니라, 이상이 그 내용의 힘으로 우리 안에서 활동하여 우리를 인도하기 때문에 그에 따라서 행위하는 것이다. 의무의 내용이 그렇게 명령을 내리기 때문에 우리가 의무명령에 종속되어 있음을 느껴 특정한 방식으로 행위하게 된다고 생각할 수도 있다. 그런 경우에는 당위das Sollen가 선행하며, 당위에 부합해야 한다는 의지das Wollen가 뒤따른다. 그러나 우리의 견해에 따르면, 사정은 그렇지 않다. 의지는 주권적인 것이어서, 인간의 인격성 안에 관념 내용으로서 들어 있는 것만을 실행한다. 인간은 외부의 어떤 힘이 자신에게 법칙들을 부여하도록 허용하지 않는다. 인간은 자신에게 스스로 법칙들을 부여한다.

우리의 세계관에 따라 볼 때 또 누가 인간에게 법칙들을 제공하는 것일까? 세계의 근거는 그 전체가 마치 들이부은 듯 세계를 채우고 있다. 세계의 근거는 외부에서 세계를 움직이려고 세계에서 물러나지는 않는다. 세계의 근거는 세계를 내부에서 작동시킨다. 세계의 근거는 세계 바깥에 있는 것이 아니다. 세계의 근거가 일상적인 삶의 현실에 등장하게 되는 최상의 형식은 사유이며, 따라서 그 최상의 형식은 동시에 인간의 개인성인 셈이다. 세계의 근거가 그렇게 목적들을 갖게 된다면, 그 목적들은 인간이 자신의 삶을 통해서 설정하는 목적들과 일치한다. 세계의 지배자가 내린 명령의 탐구를 통해서가 아니라 자신의 고유한 통찰에 따라 행위함으로써, 인간은 세계의 지배자가 가진 의도에 따라서 행위하게 된다. 그 통찰 안에 저세계의 지배자가 살아 숨쉬고 있기 때문이다. 세계의 지배자는 인간 외부의 어떤 곳에 의지로서 현존하는 것이 아니다. 세계의 지배자는 모든 것을 인간의 의지에 종속시키기 위해서 자신의 의지를 포기했다. 인간이 자신의 고유한 입법자가 될 수 있도록, 인간 외부에 세계 규정들이 있다는 관념은 모두 포기되어야 한다.

우리는 이 기회에《철학월보Das Philosophische Monatsheft》18권 3호에 실린 크라이엔뷜Johannes Kreyenbühl의 매우 탁월한 논문에 주목한다. 이 논문은 우리 행위의 모든 준칙이 어떻게 해서 우리 개인의 직접 적인 규정들로부터 도출되는가를 올바른 방식으로 상술한다. 그는 이 논문에서 윤리적인 규정들이 윤리적으로 위대한 다른 사상의 경 우처럼 윤리 법칙의 힘을 통해서 고취된 것이 아니라 개별적인 이념 의 직접적인 충동에 근거하여 도출된다고 말한다.

이런 관점에서만 참된 인간의 자유가 가능해진다. 만약 인간이 자기 행위의 근거들을 *자신 안에* 갖지 않고 외부의 명령에 따라야 한 다면, 그는 강제적으로 행위하는 것이며, 한갓 자연 사물처럼 필연 성에 얽매인 존재일 것이다.

따라서 우리의 철학은 확고한 의미에서 자유의 철학이다.주석 8 우 리의 철학은 우선 이론적으로 외부로부터 세계를 이끌었던 모든 힘 을 배제할 방법을 제시하는데, 그래야만 인간을 인간이라는 말의 최 상의 의미에서 자기 자신의 주인으로 만들게 된다. 인간이 윤리적으로 행위한다면, 우리에게 그것은 의무를 수행하는 것이 아니라 인간의 완전히 자유로운 본성을 표현하는 것이다. 인간은 해야만 하기 때문에 행위하는 것이 아니라 하고자 하기 때문에 행위한다. 괴테 또한 그런 견해를 가져 다음과 같이 말한다. "많은 제한을 불편하게 느꼈던 레싱은 그의 작품에 등장하는 한 인물로 하여금, '그 누구도 마지못해 해서는 안 된다.' 하고 말하게 했다. 총명하고 명랑한 어느 인물은, '원하는 자, 해야만 한다.' 하고 말했다. 교양 있는 세 번째 인물은 이에 덧붙여, '통찰하는 자는 원하게 된다.' 하고 말했다." 결국 우리의 통찰 이외에 우리의 행위를 위한 동인은 없다는 것이다. 어떤 외부적인 강제에 구애됨이 없이, 자유로운 인간은 자신의 통찰에 따라, 그리고 스스로 부여한 명령들에 따라 행위한다.

이 진리를 두고 벌어진 것이 저 유명한 칸트와 실러의 논쟁이었다. 칸트는 의무명령의 관점에 서 있었다. 칸트는 도덕법칙을 인간의 주관성에 의존하는 것으로 여긴다면 도덕법칙의 위엄을 손상하는 것이라 믿었다. 그의 견해에서 보면, 인간은 행위에서 모든 주관적인 동인을 포기하고 순수하게 의무의 존엄에 복종할 때에만 도덕적으로 행위하게 된다. 실러는 칸트의 이 관점이 인간 본성을 평가절하한다고 보았다. 인간의 본성이 너무나 열악해서, 자신이 도덕적이고자 원한다면 자신의 고유한 동인을 그렇게 철두철미하게 제거해야 한다는 얘기가 되니 말이다. 실러와 괴테의 세계관은 우리가 앞서 밝힌 관점을 지지한다. 행위의 출발점은 인간 자신 속에서 찾아야 할 일이다.

그런 연유로, 인간을 대상으로 하는 역사에 대해서는 인간 행위의 외적인 영향력, 시대 안에 놓여 있는 이념 같은 것들이 아니라 최소한 그 시대의 근거로 놓여 있는 계획이 언급된다. 역사는 바로 인간 행위의 전개이자 관점 등이기 때문이다. "어느 시대에나 학문에 영향을 미쳤던 것은 시대가 아니라 개인들이다. 시대는 소크라테스를 독약으로 처형했다. 시대는 얀 후스를 화형에 처했다. *시대는 변함없이 그랬다.*" 하고 괴테는 말한다. 역사의 본질로부터 입증되듯이, 역사에 근거로 놓여 있다는 계획들을 선험적으로 구성하는 모든 것이 *역사적 방법론*에 반하는 것이다. 역사적 방법론의 목적은 인간들이 인류의 진보를 위해 어떤 기여를 했는지 파악하고 이러저러한 인물들이 어떤 목적들을 세웠고 또 그들 시대에 어떤 방향을 제시했는가를 확인하려는 것이다. 역사는 철저하게 인간 본성에 그 근거를 두어야 한다. 인간 *본성의* 의욕과 경향들을 파악해야 하는 것이다. 우리의 인식 학문은 우리가 완전성이라는 면에서 차원 낮은 단계에서 고차적 단계로 올라가도록 인간을 교육하는 목적을 역사에 떠맡기는 것을 완전히 배척한다. 마찬가지로, 헤르더가《인류 역사의 철학을 위한 이념들》에서 그랬던 것처럼 역사적인 사건들이 자연의 사실처럼 원인과 결과의 연쇄에 따라서 서술되어야 한다고 생각한다면, 이는 우리의 견해와 대립하는 완전한 오류처럼 보인다. 역사 법칙들의 본성은 훨씬 고차적이다. 물리학의 사실은 다른 사실에 따라 규정된 것이어서, 법칙이 현상 *위에* 군림한다. 역사적인 사실은 이념적인 것이어서 이념에 의해 규정된다. 역사에서 원인과 결과는 사람들이 전적으로 외면적인 것에 의존할 경우에만 적용될 수 있다. 누군가가 루터를 종교 개혁의 원인이라고 말할 경우, 그가 사실을 서술하는 것이라고 누가 믿을 수 있는가. 역사학은 본질적으로 이상 理想의 학문이다. 역사의 현실은 그 자체가 이념들이다. 따라서 객체에 전념하는 것이 역사학에서 유일하게 타당한 방법론이다. 객체를 벗어나는 것은 비역사적이다.

심리학, 민속학, 역사학은 정신과학의 가장 중요한 형식들이다.주석9 이 학문들의 방법론은 우리가 보았듯이 이념적인 현실을 직접적으로 파악하는 것에 근거한다. 비유기적인 학문의 대상이 자연법칙 그리고 유형유기체론이었던 것처럼, 이 정신과학들의 대상은 *이념*과 정신적인 것이다.

20. 낙관론과 비관론

인간은 그 자신이 세계 질서의 중심점임을 우리에게 보여주었다. 인간은 정신으로서 현존재의 최고 형식에 도달하여 사유를 통해 가장 완전한 세계 과정을 완성한다. 인간이 사실들을 조명하는 방식에 의해서만 사실들은 현실이 된다. 이 견해에 의해면 인간은 자기 사유의 지주, 목표, 핵심을 자기 안에 갖게 된다. 이 견해는 인간으로 하여금 스스로 충족적인 존재가 되게 한다. 인간은 자신에게 속한 모든 것의 발판, 그리고 자신의 행복을 위한 발판을 자기 안에서 발견해야 한다. 인간이 행복해진다면, 그것은 오로지 자기 스스로 이루어낸 것이다. 외부로부터 어떤 힘이 인간에게 행복을 제공했다면,

그런 힘은 어느 것이든 결국에는 인간을 자유롭지 않게 만든다. 인간 자신이 부여하지 않은 것은 인간에게 만족을 주지 못한다. 어떤 것이 우리에게 쾌감을 줄 수 있으려면, 그 어떤 것으로 하여금 쾌감이 되도록 하는 힘을 우리가 먼저 그것에 부여해야 한다. 고차적인 의미에서 보면, 인간에게 쾌감과 불쾌감은 인간 자신이 어떻게 느끼는가에 달려 있다. 이와 함께 모든 낙관론과 비관론의 차이가 없어진다. 낙관론은 세계 안에 있는 모든 것이 좋으며 세계가 인간을 최상의 만족으로 이끈다고 생각한다. 그러나 세계가 그럴 수 있으려면, 인간은 세계 안의 것들로부터 자신이 원하는 것을 얻어낼 수 있어야만 한다. 다시 말하자면 인간은 세계를 통해서가 아니라 오로지 자신을 통해서만 행복해질 수 있는 것이다.

또한 비관론은 세계의 구조가 인간을 영원히 불만족한 상태에 있도록 내버려 두어 결코 행복해질 수 없도록 한다고 믿는다. 낙관론에서 제기된 이의는 물론 여기서도 유효하다. 외부 세계는 그 자체로는 좋지도 나쁘지도 않은 것이고, 그 세계를 좋거나 나쁘게 하는 것은 오로지 인간이다. 비관론이 근거가 있다면, 인간은 자신을 불행에 빠뜨릴 수밖에 없다. 그런 인간은 불행해지려는 욕구를 가지고 있는 셈이 된다. 그러나 그런 욕구를 충족하는 것 자체가 자신이 행복해지는 근거가 된다. 그렇다면 비관론은 인간이 불행 속에서 자신의 행복을 본다고 전제해야 할 것이다. 그러면 비관론이라는 견해는 다시금 아무것도 아닌 것이 되고 말 것이다. 이렇게만 따져보아도 비관론의 오류는 충분하고 분명하게 드러난다.

G

결론

21. 인식과 예술적 창조

우리의 인식론은 사람들이 종종 인식에 부여하는 단순히 수동적인 성격을 벗겨 내고, 인식을 인간 정신의 활동으로 파악했다. 일상적으로 사람들은 학문의 내용이 외부로부터 수용된 것이라고 믿곤 한다. 심지어 인식이 파악한 소재에 정신 자체가 아무것도 첨가하지 않기 때문에 학문에서 더 높은 정도의 객관성을 유지할 수 있다고들 생각한다. 우리가 앞에서 서술한 바는, 참된 학문의 내용이란 결코 지각된 외부 소재가 아니라 정신 속에서 파악된 이념이며, 그런 이념은 경험하는 외부 세계를 관찰하고 분석하는 것보다 우리를 한층 더 깊이 세계의 움직임으로 인도한다. 이념은 학문의 내용이다. 따라서 학문은 수동적으로 수용된 지각과는 달리 인간 정신의 활동에 의한 산물이다.

이로써 우리는 인식을 인간의 활동에 의한 결과물이기도 한 예술적인 창조에 접근시켰다. 그러나 동시에 우리는 이 양자의 대립적인 관계를 분명하게 밝힐 필연성도 이끌어냈다.

인식하는 활동이나 예술적인 활동의 바탕이 되는 것은, 인간이 결과로서 주어진 현실로부터 생산자로서의 현실로 고양된다는 사실,

즉, 피조물에서 창조의 주체로, 우연성에서 필연성으로 고양된다는 사실이다. 외적인 현실은 우리에게 항상 창조하는 자연의 피조물만을 제시하지만, 정신 안에서 우리는 우리에게 창조의 주체로 나타나는 자연의 통일성으로 고양된다. 현실의 모든 대상은 창조하는 자연의 요람 속에 숨겨진 채 놓여 있는 무수한 가능성들 가운데 하나를 우리에게 보여준다. 우리의 정신은 이런 모든 가능성이 포괄하고 있는 그 원천을 직관하는 데까지 고양된다. 그러면 학문과 예술은 인간이 직관을 통해 얻은 것을 각인하는 객체가 된다. 이런 일이 학문에서는 오로지 이념이라는 형식으로만, 다시 말해 직접적으로 정신적인 매개체에서만 일어나고, 예술에서는 감각적으로나 정신적으로 *지각할 수 있는* 객체에서만 일어난다. 학문에서 자연은 "모든 개별자를 감싸 안는 포괄자"로서 순수히 이념적인 것으로 나타나며, 예술에서 외부 세계의 객체는 이 포괄자를 바깥으로 *드러내 보이며* darstellend 나타난다. 예술은, 학문이 유한자 속에서 찾아내어 이념으로 제시하고자 하는 무한자를 존재계로부터 취한 소재에 각인한다. 학문에서 이념으로 나타나는 것이 예술에서는 형상Bild이다. 학문이나 예술의 대상은 모두 동일한 무한자다. 다만 무한자가 학문과 예술에서 각기 달리 드러날 뿐이다. 표현의 양식이 서로 다른 것이다. 그래서 괴테는 사람들이 미의 이념에 관해 말할 때 미가 단순히 이념의 감각적인 잔영이 아닌 것처럼 말하는 것은 잘못이라 지적한 것이다.

여기서 드러나는 것은, 어떻게 참된 예술가가 모든 존재의 원천으로부터 직접 창조해야 하는가, 우리가 학문을 통해 자연과 정신에서 관념적으로 찾으려 하는 필연적인 것을 어떻게 예술가가 자신의 작품에 각인시키는가 하는 것이다. 학문은 관찰을 통해 자연에서 법칙을 찾아낸다. 이는 예술도 마찬가지인데, 다만 예술은 법칙성을 자연 그대로의 소재에 심어둘 뿐이다. 예술작품은 자연의 산물만큼이나 자연이다. 다만 예술작품에 투영된 자연법칙은 인간 정신에 나타난 자연 법칙과 그 양상이 같다. 괴테는 자신이 이탈리아에서 본 위대한 예술작품들을 인간이 자연에서 인식하게 되는 필연적인 것의 직접적인 복제물로 보았다. 따라서 괴테에게 있어서 예술도 비밀스러운 자연법칙들의 현현인 것이다.

예술작품에서는 예술가가 얼마만큼 소재에 이념을 투영시켰는지가 가장 중요한 관건이 된다. 예술가가 무엇을 취급하는가가 아니라, 그가 어떻게 취급하는가가 관건인 것이다. 학문에서는 외부로부터 지각된 소재가 자신의 본질과 이념만이 남겨지도록 완전히 수면 아래로 가라앉아야 할 것이라면, 예술의 산물에서는 그 소재가 잔존하는 가운데 소재의 고유성과 우연성이 예술적인 처치를 통해 완전히 극복되어야 한다. 객체는 우연적인 것의 영역으로부터 벗어나 필연적인 것의 영역으로 옮겨가야 한다. 예술미에서는, 예술가가 자신의 정신을 각인하지 않은 어떤 것도 예술의 미 안에 남아 있어서는 안 된다. '무엇을'은 '어떻게'에 의해 극복되어야 한다.

정신을 통해 감성을 극복하는 것은 예술과 학문의 목표다. 학문은 감성을 정신 안에서 해소함으로써 극복하며, 예술은 정신을 감성에 심어 놓음으로써 감성을 극복한다. 학문은 감성을 통해서 이념을 조망하며, 예술은 감성 안에서 이념을 간파한다. 포괄적인 방식으로 이런 진리들을 표현하는 괴테의 명제로 우리의 고찰을 마치도록 한다. "생각컨대 사람들은 학문을 보편적인 것의 인식, 추상적인 지식이라 명명할 수 있을 것이다. 이에 반해 예술은 행위로 전환된 학문일 터이다. 학문이 이성이라면, 예술은 이성의 도구일 것이다. 따라서 사람들은 예술을 실천적인 학문이라도 부를 수 있을 것이다. 그리하여 결국 학문은 명제Theorem이고 예술은 문제Problem일 터이다."

1886년 초판 주석

p. 14
〈직관하는 판단력〉(Die anschauende Urteilskraft): 퀴르슈너 편《독일국민문학》 수록 괴테
《자연과학 저작집》제1권, p. 115 참조.
"내가 쓰는 서문": 괴테 세계관의 전체상에 나의 견해가 어떤 방식으로 붙었는지는 슈뢰
어 교수가 언급하고 있다.《괴테 자연과학 저작집》, 퀴르슈너 편《독일국민문학》제I권 p.
I-XIV. 그가 편찬한《파우스트》, II부, 6판, 슈투트가르트 1926도 참조.

p. 22
C.F.W. 예센,《문화사 발달에서 현재와 과거의 식물학》, 라이프치히 1864, p. 459.
"방대한 탐구": 위 p. 343.
"자연을 감각적이고도 심도 있게 관찰하여": 위 p. 332.

p. 38
요한네스 폴켈트,《임마누엘 칸트의 인식론》, 함부르크 1879.
요한네스 폴켈트,《경험과 사유》, 함부르크 1886.
"폴켈트는 다음과 같이 서술한다":《임마누엘 칸트의 인식론》, p. 168f.

p. 42
"폴켈트는 이렇게 주장한다":《경험과 사유》, p. 4.

p. 54
"자연 내에서 자연보다 더 고차적인 자연": 괴테,《시와 진실》, 3부, 제2권.

p. 67
"외부 세계는 우리의 개념 안으로 유입될 재료를 제공해야 하며": 심지어 저서《지식의
이론》(베를린 1868)에서 J.H. 폰 키르히만은 인식이란 외부 세계가 우리 의식 안으로 흘
러들어 오는 것이라고 했다.

p. 86

"*주관적인 이성*": 인간의 정신 능력으로서 파악된.

p. 113

"*괴테의 논문 〈주관과 객관의 매개자인 실험〉*": 흥미롭게도 괴테는 또 하나의 논문을 써서 이 주제를 다 구체적으로 다루려고 시도했다. 우리는 1798년 1월 19일자 실러의 편지에서 그 논문을 재구성할 수 있다. 거기서 괴테는 학문의 방법론을 다음과 같이 구분한다. 먼저 감각기관에 주어지는 외적인 현상에 머물고 마는 일상적인 경험주의가 있다. 그리고 불충분한 고찰에 이르도록 관념체계를 구축하는 합리주의가 있는데, 이는 사실들을 그 본질에 합당하게 분류하지 않고 일단 인위적으로 그 연관관계들을 꾸며낸 뒤, 가상적인 방법을 동원해서 그 연관관계들로부터 무엇인가를 현실 세계 안으로 집어넣는다. 그리고 마지막으로 합리적 경험주의가 있다. 이는 일상의 경험에 머물러 있지 않고, 경험의 껍질이 벗겨져서 그 본질이 드러날 조건들을 만들어낸다.

p. 120

"*현상들의 원인이 되는 연관관계*": 에른스트 해켈, 《다윈, 괴테, 라마르크의 자연 통찰》, 예나 1882, p. 53.

1924년 재판 주석

주석 1 "이 저작에는…"

철학적 저작의 방식과 철학적 저작에 대한 관심에 관한 이런 판단의 배후에 놓여 있는 근본 정서는 1880년대 중반 무렵 학문적인 추구를 주도한 정신 상태에서 나온 것이다. 그 이후로는 이 판단이 더 이상 정당화될 수 없어 보이는 뚜렷한 현상들이 나타났다. 이는 당대의 탁월한 해명들을 생각하면 확인되는데, 그 해명들은 니체의 사상과 감성을 통해서 삶의 광범위한 영역을 경험했던 것이다. 그리고 유물론적으로 사유하는 일원론자들과 정신을 중심으로 하는 세계관의 옹호자들 사이에서 일어나 지금까지 이어지고 있는 투쟁들 속에는, 생명으로 충만한 내용을 향한 철학적 사유의 노력만큼이나 현존의 비밀스러운 물음들에 대한 광범위하고 보편적인 관심이 살아 있다. 아인슈타인의 이론처럼 물리학적인 사유 과정들은 거의 일상적인 대화와 문학 작품의 소재가 되었다.

그럼에도 당시 그런 판단을 내리게 된 동기들은 현재에도 여전히 유효하다. 물론 오늘날이라면 그 판단을 다른 형식으로 쓰여야 할 것이다.오늘날 그 판단은 거의 낡은 것으로 보이므로, 지금 그것이 유효한 정도를 말하는 것이 더 적절할 것이다. 이 저작에서 서술하려는 괴테의 세계관은 전인全人의 체험으로부터 출발한다. 이런 체험에 비하면, *사유를 통한 세계고찰*은 단지 *하나의* 측면일 뿐이다. 관념 형상들은 인간 존재의 충만함에서 나와 영혼의 표면까지 올라와 드러난다. 이 관념상의 한 부분에는 "인간의 인식이란 무엇인가?"라는 물음에 대한 답변이 들어 있다. 이에 관한 답변에 의해 우리가 알게 되는 것은, 인식 활동을 할 때 인간 존재는 먼저 자신의 본성대로 움직인다는 사실이다. 인식 없는 영혼생명은 마치 머리 없는 인간 유기체와 같다. 즉, 인식 없이는 그것은 아무것도 아닌 것인 셈이다. 영혼의 내면적인 삶에서는 허기진 유기체가 먹을 것을 향하는 것처럼 외부의 지각을 요구하는 어떤 내용이 자라난다. 그리고 외부 세계에서 지각내용은 자신의 본질을 자기 안에 담고 있지 않으며, 인식 과정을 통해 영혼 내용과 일치할 경우에만 본질을 제시한다. 그런 식으로 인식 과정은 세계-현실Welt-Wirklichkeit 형상의 한 부분이 된다. 인간은 인식함으로써 이 세계-현실의 형성에 협력한다. 식물에 담긴 맹아가 결실로 완성되지 않는다면 식물 뿌리는 생각할 수 없는 것처럼, 인간뿐만 아니라 세계 또한 인식되지 않고는 고립을 벗어나지 못한다. 인식을 통해서 인간은 자신만을 위해 어떤 것을 행하는 것이 아니라 세계와 함께 현실의 존재를 드러낸다. 인간 안에 존재하는 것은 관념적인 가상이며, 지각되는 세계 안에 존재하는 바는 감각적인 가상이다. 따라서 인간과 세계가 인식을 통해 상호협력하는 것이 현실을 가능하게 하는 첫걸음이다.

이렇게 보면, 인식론은 삶의 한 부분이 된다. 그렇게 생각해야 인식론이 괴테의 영혼 체험에 속하는 삶의 넓은 영역과 연결된다. 그러나 니체의 사유와 감정도 그 삶의 영역에 연결되지는 않는다. 그리고 이 저작에서 "출발점"이라고 언급한 저작 이래로 철학적으로 정향된 세계관과 인생관으로 출현한 것은 더더욱 그렇다. 그럼에도 이 모든 것이 전제하는 바는, 현실이란 인식의 바깥 어딘가에서 있다거나 이 현실의 인간적이고 모방적인 모습이 인식 안에 드러나야 한다거나 혹은 드러날 수 없다는 생각이다. 현실이란 인식 안에서 비로소 현실로 창출되기 때문에, 이 현실은 인식을 통해서 발견될 수 없고, 다른 곳에서는 거의 감각되지 않는다. 철학적으로 사유하는 자들은 인식 외부에서 삶과 존재를 찾는다. 괴테는 인식하면서 활동하기 때문에, 삶을 창조하는 존재자로 서 있다. 그런 까닭에 최근에 시도되고 있는 세계관들은 괴테의 이념창조의 바깥에 있다. 괴테를 통해 철학은 삶의 내용이 되고 철학에 대한 관심이 삶에 필수적인 것이 되기 때문에, 이 인식론은 괴테의 이념 창조 안에 서고자 한다.

주석 2. "물음을 던지는 것은 학문의 과제가 아니다."

인식의 물음은 인간 영혼 조직이 외부 세계를 통찰하는 가운데 출현한다. 물음을 일으키는 영혼의 충동이 통찰에 이르는 힘이 있어서, 이 통찰이 영혼의 활동과 함께 통찰된 것의 현실을 바깥으로 드러낸다.

주석 3. "이 최초의 활동은… 때문이다."

사람들이 이 인식론이 취하는 전체적인 태도에서 확인하는 것은, 이 인식론의 논의에서 관건이 되는 것이 "인식이란 무엇인가?"라는 질문에 대한 답을 얻어낸다는 점이다. 이 목표에 도달하기 위해 먼저 한편으로는 감각적 통찰의 세계를, 그리고 다른 한편으로는 관념적인 침투를 주목한다. 이 양자의 침투에서 감각 존재의 참된 현실이 드러난다는 사실이 입증된다. 이로써 "인식이란 무엇인가?"라는 물음은 원칙에 따라 답변이 주어진다. 이 답변이 주어지는 것은 오로지 물음이 정신적인 것의 통찰로 확장될 때다. 따라서 이 저작 속에서 인식의 본질에 관해 언급된 것은, 나중에 내가 출간한 저술들의 주제인 정신적인 세계의 인식에 대해서도 마찬가지로 적용된다. 인간이 통찰하는 감각 세계의 현상은 현실이 아니다. 감각 세계는 인간의 관념에서 자신을 드러내는 것과의 연관관계 안에서만 현실이 된다. 관념은 감각적으로 통찰된 것의 현실에 속한다. 감각 존재에서 관념인 것은 감각적으로 통찰된 외부가 아니라 인간 내부에서 드러난다는 점이 다만 중요하다. 그러나 관념과 감각 지각은 동일한 존재다. 감각적으로 통찰하는 가운데 세계에 등장함으로써 인간은 현실로부터 관념을 분리한다. 그러나 이 관념은 다른 장소에서, 즉 영혼 내부에서 나타난다. 지각과 관념의 분리는 객관적인 세계에 대해서는 어떤 의미도 갖지 못한다. 이 분리는 인간이 자신을 현존재의 중심에 위치시키기 때문에 등장하는 것이다. 이를 통해 인간에게서는 관념과 감각 지각이 마치 분리된 것처럼 보이는 가상이 출현한다. 정신적 통찰도 마찬가지다. 내가 나중에 《어떻게 고차적 세계의 인식에 도달할 것인가?》에서 서술했듯이, 만약 정신적인 통찰이 영혼의 작용에 의해 등장한다면, 정신적인 통찰은 다시금 정신적 존재의 한 측면을 형성하고, 이 정신적 존재에 상응하는 관념이 다른 측면을 형성한다. 이 두 측면의 차이가 생기는 경우는, 감각 지각이 관념을 통해서 어느 정도 정신적인 것의 시원까지 현실적으로 상승하고, 정신적인 통찰이 이 시원에서 출발하여 아래로 하강하여 자신의 참된 본질 속에서 체험될 때만이다. 자연적으로 형성된 감각기관을 통한 감각지각의 체험과 먼저 영혼의 방식으로 형성된 정신적인 지각 기관을 통한 정신적인 것의 통찰에서 발생하는 감각 지각의 체험은 원칙적으로는 서로 다르지 않다.

실제로 후기 저작들에서도 나는 이 책에서 다듬은 인식의 이념을 버린 적이 결코 없으며, 이 이념을 정신적인 경험에 적용했을 따름이다.

주석 4. 괴테의 논문 《자연》과 관련하여

《괴테협회》(Die Goethe-Gesellschaft)에서 발표한 글들에서 내가 보이고자 한 것은, 이 논문이 쓰여질 당시 바이마르에서 괴테와 왕래했던 토블러라는 자가 괴테가 품고 있었던 이념들을 괴테와의 대화 이후에 이 논문을 썼다는 점이다. 이 저술은 그 이후 그 당시에는 필사본으로만 제작되어 유포되었던 《티푸르트 잡지》(Das Tiefurter Journal)에 실렸다. 나중에 괴테의 저작에서는 이전 출간에 대해 한참 후에 쓰인 글이 발견되었다. 이 글에서 괴테는, 논문 《자연》이 자신이 쓴 것인지는 기억나지 않지만, 그 논문이 발표되었을 때쯤 그가 그런 이념을 가지고 있었다고 분명하게 밝히고 있다. 《괴테협회》에 실린 글들에서 나는 그 이념들이 발전하는 과정에서 괴테의 자연 통찰 전체에 흘러 들어갔음을 증명하려 했다. 그런데 뒤늦게 《자연》이라는 제목을 단 논문에 대한 완전한 저작권이 토블러에게 있다는 정황들이 밝혀졌다. 나는 이 문제를 둘러싼 논쟁에 연루되기 싫다. 그 논문이 속속들이 토블러의 창작이라는 주장이 있다고 해도, 괴테가 그 이념들을 1780년대 초반에 가졌다는 점은 여전히 부정되지 않는다. 심지어 그 이념들은 괴테 자신의 언급에 따르더라도 자신의 포괄적인 자연 통찰의 출발점이었음이 입증된다. 개인적으로 생각해 봐도 이 문제에서 이념들이 괴테로부터 등장했다는 나의 견해를 포기할 어떤 근거도 없다. 그리고 이념들의 전거가 괴테가 아니라고 해도, 그 이념들은 괴테의 정신 속에서 엄청난 결실로 남아 있게 되었다. 괴테의 세계관을 탐구하는 사람에게는 그 이념들을 따로 떼어내어 보는 것이 아니라 이념들로부터 형성된 것과의 관계 속에서 이해하는 것이 중요하다.

주석 5. "감각들을 위한 현상"
이 설명에는 이미 내가 이후 저작들에서 언급한 정신적인 것의 통찰이 암시되어 있다.

주석 6. "사정은 완전히 다를 것이다."
이 설명은 정신적인 것의 직관과 모순되는 것이 아니라, 다음의 점을 시사한다. 즉 감각 지각에서는 감각 지각을 관통해 들어가거나 감각 지각 배후에 있는 존재를 향해 쇄도해 들어감을 통해서는 그 본질에 도달할 수 없으며, 오히려 인간 안에서 드러나는 관념적인 것으로 회귀함을 통해서 가능할 뿐이라는 것이다.

주석 7. "괴테의 탐구 방식보다… 분명하게 제시한 사람도 없었다."
나의 저작에서 사람들은 다양한 방식으로 "신비주의"와 "신비"가 언급되고 있음을 발견하게 된다. 이런 다양한 방식들 사이에는 사람들이 억지로 꾸며내려고 한 것과는 달리 어떤 모순도 없다는 사실이 언제나 그 연관관계로부터 확인된다. 사람들은 "신비"에 관한 보편 개념을 만들어 낼 수 있다. 그런 보편 개념에 따르면, 신비는 사람들이 세계에 관해서 내적이며 영적인 체험을 통해 경험할 수 있는 것에 속한다. 이 개념은 처음에는 논박할 수 있는 것이 아니다. 그런 경험이란 실제로 존재하기 때문이다. 게다가 신비는 인간 내면을 넘어서는 어떤 것뿐만 아니라 세계를 넘어서는 어떤 것 또한 드러낸다. 색채의 세계에 속하는 어떤 것을 경험할 수 있으려면, 그 안에서 색의 과정들이 전개되는 눈을 가

166

져야 한다. 하지만 그 경우 사람들은 눈에 대해서만이 아니라 세계에 대해서도 무엇인가를 경험한다. 세계 안에 있는 어떤 사물들을 경험하려면 내적인 영혼 기관이 있어야 한다. 인식이 생기려면, 사람들은 개념의 완전한 명료성을 신비적인 기관의 경험으로 환원해야 한다. 그러나 개념의 명료성에서 도망치기 위해서 "내면"으로 피신하고자 하는 사람들이 있다. 이 사람들은 인식을 이념의 빛으로부터, 이념에 의해 밝혀진 감정 세계가 아닌 감정 세계의 암흑 안으로 인도하고자 하는 것을 "신비"라 부른다. 나는 모든 저작들에서 이런 의미의 신비에 *반대*하며, 사상가로서 이념의 투명함을 규명하고 또 신비적인 감각을 영혼적인 지각 기관으로 만드는 신비를 옹호한다. 신비적인 감각은 인간 본질의 영역에서 활동하며, 그 밖의 곳에서는 어두운 감정들이 지배적이다. 정신에 있어 이 감각은 물리학에서 청각과 시각의 역할과 완전히 동일하다.

주석 8. "자유의 철학"
이 철학의 이념들은 이후에 나의 저작《자유의 철학》에서 더 상세히 전개되었다. (철학-인지학 출판사, 1894)

주석 9. "심리학, 민속학, 역사학은 정신과학의 가장 중요한 형식들이다."
내가 "인지학"이라고 명명한 것에 속하는 여러 분야를 연구한 뒤에 여기 이 짧은 책을 쓰는 입장에서 보니, 이 세 가지 형식들에 "인지학"을 덧붙여야 하겠다는 생각이 든다. 사십 년 전 이 책을 쓸 때, 전체 "정신 세계에 대한 통찰"(Pneumatologie)을 포괄하는 어떤 것이 그다지 통용되지는 않는 의미의 심리학으로 내 앞에 있었다. 물론 그렇다고 해서 당시 내가 이 "정신 세계"를 인간의 인식에서 배제하려 했다고 추론해서는 안 될 것이다.

주석 10. 괴테의 논문 〈주관과 객관의 매개자인 실험〉
초판의 주석에 다음과 같은 사실을 덧붙여 보완한다. 즉, 여기서 내가 가설적으로 전제한 이 논문은 나중에 괴테-실러 문서고에서 그 실체를 드러냈고, 이에 따라 바이마르판 괴테 전집에 포함되었다.

1960년 제6판 발행인의 주석

p. 10 "원자론에 관한 짧은 논문"

이 논문은 1937년 튀빙엔 대학에 기증된 프리드리히 테오도르 피셔의 유품을 확인하는 과정에서 발견되었다. 그 뒤 1939년에 〈괴테아눔〉지에 실렸으며, 1941년에는 《초기 문예 저작들》 제4권 3쪽에 〈원자론 개념에 대해 유일하게 가능한 비판〉이라는 제목으로 실렸다. 이 1941년의 저작집 VII쪽에는 루돌프 슈타이너가 쓴 안내문이 복사되어 함께 실렸다. 루돌프 슈타이너 전집, 《1882~1902년 논문집》, 도르나흐 1960 참조.

p. 11 루돌프 슈타이너 편 괴테 저작집, 자연과학 저작들

카를 율리우스 슈뢰어 교수의 서문과 함께 요제프 퀴르슈너 발행의 《독일국민문학》에 수록. 1883년 제1권(괴테전집 XXXIII, 제114권), 1887년 제2권(괴테전집 XXXIV, 제115권), 1890년 제3권(괴테전집 XXXV, 제116권), 1897년 제 4권 1, 2부(괴테전집 XXXVI/1, 2, 제117권). 재수록: I~VI, 1. 2 슈투트가르트, 베를린, 라이프치히 1921. I(변형생성론)과 III(색채론), 베른 1947.
루돌프 슈타이너의 서문은 별책에 수록되었다. 도르나흐 1926, 프라이부르크 i. B. 1949.

p. 149 크라이엔뷜

〈칸트의 윤리적 자유〉, in 〈철학월보〉, 하이델베르크, XVIII호, 129쪽 이하.

p. 165 주석

루돌프 슈타이너, 〈자연의 조각들에 관하여〉, in 《초기 문예 저작들》, 2호, 도르나흐 1938, 3쪽. 2판: 루돌프 슈타이너 전집, 1882~1902 논문집. 도르나흐 1960.

루돌프 슈타이너
생애와 주요 활동

1861 - 1879
어린 시절과 청년기: 오스트리아

- 1861년 2월 27일 루돌프 요제프 로렌츠 슈타이너는 크랄예베치Kraljevec(당시 헝가리, 지금은 크로아티아에 속함)에서 니더외스터라이히Niederösterreich 출신 프란치스카 슈타이너와 요한 슈타이너의 첫째 아이로 태어났다.
- 전신기사로 일하던 부친은 곧 오스트리아 남부철도회사의 역장이 되었고, 이 때문에 그의 가족은 1862년 뫼들링Mödling, 1863년 포트샤흐Pottschach, 1869년 부르겐란트Burgenland 지방의 노이되르플Neudörfl 등으로 이사를 다녀야 했다. 1864년 여동생 레오폴디네, 1866년 남동생 구스타프가 태어났다.
- 루돌프 슈타이너는 환경 덕분에 기술 분야에 매료되어 어릴 때부터 수학과 기하학 공부에 열심이었으며 그림에 소질을 보였다. 그리고 16세가 되었을 때부터 철학에 빠져들었다.
- 1879년 대학입학자격시험을 우등으로 통과했다.

1879 - 1890
대학생, 괴테 저작의 발행인, 가정교사, 잡지 편집인 시절: 빈

- 1879년부터 1882년까지 빈 공과대학에서 수학했다. 수학, 물리학, 식물학, 동물학, 화학을 전공하는 한편, 문학, 역사, 철학을 공부했다. 프란츠 브렌타노Franz Brentano 등의 강의를 들었다.
- 문학사가이자 괴테 전문가인 카를 율리우스 슈뢰어Karl Julius Schröer의 추천을 받아 퀴르슈너Kürschner의 《독일국민문학》판 괴테전집의 자연과학 저작 부분의 발행인으로 초빙되었다.
- 논문 〈원자론의 개념들에 대해 유일하게 가능한 비판〉(Einzig mögliche Kritik der atomistischen Begriffe)를 발표했다. 훗날 슈타이너는 이 논문이 자신의 연구에서 "기초 신경"이라고 밝혔다.

- 1884년부터 1890년까지 빈의 사업가 라디슬라우스 슈페히트Ladislaus Specht 집안의 가정교사로 일했다. 그 집의 주치의이자 당시 빈에서 명성이 높았던 내과의사 요제프 브로이어Josef Breuer를 만났는데, 오늘날 그는 정신분석학의 개척자로 여겨진다.
- ≪괴테의 자연과학 저작집≫(Goethes Naturwissenschaftliche Schriften) 제1권이 발간되었다. 2~4권은 1887년에서 1897년에 걸쳐 발간되었다.
- 시인이자 나중에 여권활동가로 이름을 날린 로자 마이레더Rosa Mayreder(≪여성성 비판≫), 프리드리히 에크슈타인Friedrich Eckstein(훗날 작곡가 안톤 브루크너Anton Bruckner의 비서이자 전기 작가로 활동) 등과 교류했다. 철학자 에두아르트 폰 하르트만Eduard von Hartmann과 편지를 주고받았다.
- 괴테전집을 위한 작업 이외에도 퀴르슈너 교수의 요청으로 ≪피러 회화사전≫(Pierers Konversationslexikon)을 비롯한 여러 사전에 많은 항목을 집필했다.
- 1886년 루돌프 슈타이너의 첫 번째 단행본인 ≪괴테 세계관의 인식론적 기초≫(Grundlinien einer Erkenntnistheorie der Goetheschen Weltanschauung)를 발행했다.
- 괴테문서실장 에리히 슈미트Erich Schmidt가 루돌프 슈타이너에게 소피Sophie판 괴테전집 작업에 참여할 의사가 있는지 문의했다.
- 논문 〈자연 그리고 우리의 이상들〉(Die Natur und unsere Ideale) 발표.
- 빈에서 나오는 잡지 〈도이체 보헨슈리프트Deutsche Wochenschrift〉(독일주간)의 편집인이 되었다. 1888년 오스트리아-헝가리제국의 정치적 사안들에 관해 많은 기사를 썼다.
- 1888년 빈의 괴테협회에서 "새로운 미학의 아버지 괴테"라는 제목으로 강연을 했다.

1890 - 1897
괴테전집 발행인, 니체 연구자: 바이마르

- 괴테·실러문서실에서 일했다. 1891년에서 1896년 사이에 발간된 소피판 괴테전집을 위해 괴테의 자연과학 저작의 몇 부문을 발행했다.
- 헤르만 그림Herman Grimm, 에른스트 해켈Ernst Haekel, 에두아르트 폰 하르트만 등을 만나고, 시인 가브리엘레 로이터Gabriele Reuter, 작곡가 리스트의 제자 콘라트 안조르게Conrad Ansorge, 슈티르너Stirner 전기를 쓴 존 헨리 매케이John Henry Mackay, 니체 저작 발행인 프리츠 쾨겔Fritz Koegel 등과 교류했다.
- ≪코타 세계문학총서≫에 쇼펜하우어 전집 12권과 장 파울 전집 8권을 편집했다. "저명 문학사가들의 서문"을 붙인 ≪베를린 고전 선집≫을 위해 크리스토프 마르

틴 빌란트Christoph Martin Wieland와 요한 루트비히 올란트Johann Ludwig Uhland의 저작들을 자신이 서문을 붙여 발행했다.

- 하인리히 폰 슈타인Heinrich von Stein 교수의 지도를 받아 〈특히 피히테의 지식학을 고려한 인식론의 기본문제. "자신"에 대한 철학적 의식의 이해에 관한 연구〉(Die Grundfrage der Erkenntnistheorie mit besonderer Rücksicht auf Fichtes Wissenschaftslehre. Prolegomena zur Verständigung des philosophierenden Bewusstseins mit sich selbst)로 로스토크 대학에서 철학박사 학위를 받았다. 이 학위논문은 1892년에 ≪진리와 과학. 자유의 철학의 서막≫(Wahrheit und Wissenschaft. Vorspiel einer Philosophie der Freiheit)이라는 제목으로 발간되었는데, 에두아르트 폰 하르트만 교수에게 헌정되었다.
- 1893년 가을, 루돌프 슈타이너의 철학 분야 주저인 ≪자유의 철학≫(Die Philosophie der Freiheit)이 발간되었다.
- 나움부르크Naumburg의 니체문서실을 여러 차례 방문하고 머물렀다. 니체의 여동생 엘리자베트 푀르스터 니체Elisabeth Förster Nietzsche를 만났는데, 그녀는 루돌프 슈타이너가 니체 저작집의 공동발행인으로 일하기를 원했다. 병석의 프리드리히 니체를 만났다. 1895년 니체에 관한 루돌프 슈타이너의 책 ≪시대에 맞선 투사 니체≫(Friedrich Nietzsche, ein Kämpfer gegen seiner Zeit)가 발간되었다.
- 1897년에 발행된 ≪괴테의 세계관≫(Goethes Weltanschauung)에서 그동안의 괴테 연구를 요약하여 서술했다.

1897 - 1905
편집자, 교사, 강연자, 저술가: 베를린

- 1897년부터 1900년까지 〈마가친 퓌어 리테라투어Magazin für Literatur〉(문학잡지)와 독일연극협회 기관지인 〈드라마투리기셰 블래터Dramaturgische Blätter〉(연극평론)의 발행인이자 편집인으로 활동했다. 이 두 잡지와 다른 간행물들에 문학과 철학 문제를 다룬 많은 논문을 게재하고 연극비평과 서평을 썼다.
- 자유문학협회, 조르다노 브루노 연맹, 문예인 모임인 "디 콤멘덴Die Kommenden"(미래인) 등에서 강연했다. 엘제 라스커 쉴러Else Lasker-Schüler, 페터 힐레Peter Hille, 슈테판 츠바이크Stefan Zweig, 캐테 콜비츠Käthe Kollwitz, 에리히 뮈잠Erich Mühsam, 파울 셰르바르트Paul Scheerbart, 프랑크 베데킨트Frank Wedekind, 그리고 "프리드릭스하겐Friedrichshagen 사람들"을 만났다. 루트비히 야코봅스키Ludwig Jakobowski, 오토 에리히 하르트레벤Otto Erich Hartleben과 교유했다.
- 1899년 안나 오이니케Anna Eunike와 결혼했다. 안나 오이니케는 1911년에 세상을 떠났다.

- 빌헬름 리프크네히트Wilhelm Liebknecht가 설립한 베를린의 노동자학교, 그리고 1902년부터는 슈판다우Spandau 노동자학교에서 가르쳤다. 1899년부터 1904년까지 이어진 이 교육 활동의 수업 과목은 역사, 강연법, 문학, 자연과학 등이었다. 쿠르트 아이스너Kurt Eisner와 로자 룩셈부르크Rosa Luxemburg를 만났다.
- 1900년 ≪19세기의 세계관과 인생관≫(Welt- und Lebensanschauungen im neunzehnten Jahrhundert) 제1권을 출간했으며, 제2권의 출간은 일 년 뒤인 1901년에 이루어졌다. 이 저작의 개정증보판은 제목을 ≪철학의 수수께끼≫(Die Rätsel der Philosophie)로 바꾸어 1914년에 출간되었다.
- 구텐베르크 500주년에 베를린의 한 서커스 공연장에서 7000명의 활자공과 인쇄공 앞에서 기념 강연을 했다.
- 1900년 가을, 신지학 도서관에서 연속 강연회를 가졌다. 주제는 니체, 괴테의 "동화", 신비학, 신비학과 현재의 관계 등이었다.
- 1900년 처음으로 마리 폰 지버스Marie von Sievers를 만났다. 1902년 이래 그녀는 루돌프 슈타이너의 가장 밀접한 동료가 되었다. 폰 지버스는 파리음악원에서 낭송예술을, 페테르부르크에서 연극예술을 공부했다. 에두아르 쉬레Edouard Schuré의 여러 작품을 독일어로 옮겼다.
- ≪근대 정신생활 출현기의 신비주의, 그리고 현대 세계관과의 관계≫(Die Mystik im Aufgange des neuzeitlichen Geisteslebens und ihr Verhältnis zur modernen Weltanschauung)를 출간했다. 1901/02년에 신지학협회에서 행한 두 번째 순회 강연을 손보아 ≪신비적 사실로서의 그리스도교≫(Christentum als mystische Tatsache)라는 제목으로 출간했다.
- 헬레나 페트로브나 블라바츠키Helena Petrowna Blavatsky와 헨리 스틸 올코트Henry Steel Olcott가 1875년에 창립한 신지학협회의 회원이 되었고, 1902년 10월부터 신지학협회 독일지부의 사무총장으로 일했다. 애니 베전트Annie Besant를 만났다.
- 1902년부터 1904년까지 "프리드릭스하겐 사람들"인 브루노 빌레Bruno Wille와 빌헬름 뵐셰Wilhelm Bölsche가 세운 자유대학에서 초빙강사로 활동했다.

1902 - 1912
신지학에서 인지학으로. 국내외의 강연 여행

- 마리 폰 지버스와 함께 국내외에 신지학 집회소를 구축했다. 공개강연과 신지학협회 회원을 위한 강연을 활발하게 행했다. 1904년 비전祕傳학교Esoterische Schule 기관에서 활동했다.
- 월간지 〈루시퍼〉(Luzifer)를 창간하여 발행인이자 편집인으로 일했다. 잡지의 제호는 1903년에 〈루시퍼·그노시스Lucifer-Gnosis〉로 바뀌었다. 이 잡지에는 루돌프 슈

타이너의 주요 논문들이 연재되었다. 연재된 논문은 〈어떻게 초감각적 세계의 인식에 도달할 것인가?〉(Wie erlangt man Erkenntnissen der höheren Welten?), 〈아카샤 기록의 해석〉(Aus der Akasha-Chronik), 〈신지학과 사회 문제〉(Theosophie und soziale Frage), 〈아동교육〉(Die Erziehung des Kindes), 〈고차적 인식의 단계들〉(Die Stufen der höheren Erkenntnis) 등이었고, 훗날 단행본으로 출판되었다.

- 크리스티안 모르겐슈테른Christian Morgenstern, 에두아르 쉬레와 교유했다. 1908년에는 바실리 칸딘스키를 만났다.

- 1903/04년부터 해마다 가을, 겨울에 베를린의 건축가협회 등에서 일반을 위한 연속강연을 가졌는데, 강연 주제는 "인간의 기원과 목표", "영혼생명의 생성변형론", 현재의 주요 질문에 대한 정신과학의 대답" 등이었다.

- 1904년, 기본서에 속하는 ≪신지학. 초감각적 세계 인식과 인간 규정 입문≫(Theosophie. Einführung in übersinnliche Welterkenntnis und Menschenbestimmung)을 출판했다.

- 파리, 부다페스트, 네덜란드, 스칸디나비아, 이탈리아를 비롯해서 독일과 스위스의 여러 도시에서 강연했다. 뮌헨에서 에두아르 쉬레의 연극들을 연출했다.

- 1910년, 우주론과 진화론의 문제들에 관한 연구 결과를 ≪비밀학 개요≫(Geheimwissenschaft im Umriss)라는 제목으로 출판했다.

- 1910년에서 1913년에 걸쳐 자신이 쓴 네 편의 신비극을 연출하여 초연했다.

- 연극 공연과 강연을 위한 건물의 설계도를 그렸다. 뮌헨의 슈바빙 지역에 지으려던 이 건축 계획은 주민과 관청의 저항으로 무산되었다.

- ≪인간과 인류의 정신적 인도≫(Die geistige Führung des Menschen und der Menschheit), ≪인간이 자기 인식을 얻는 과정≫(Ein Weg zur Selbsterkenntnis des Menschen), ≪정신세계의 문턱≫(Die Schwelle der geistigen Welt) 등을 출간했다.

- 1910년에 쓰기 시작한 ≪인지학≫(Anthroposophie)은 미완작으로 남았다. 감각론을 집중적으로 연구했다.

- 1911년, 쾰른에서 러시아 작가 안드레이 벨리Andrej Belyj(≪페테르부르크≫의 저자)를 만났는데, 이 만남은 벨리의 삶과 작품에 큰 영향을 끼쳤다. 프라하에서 프란츠 카프카Franz Kafka, 막스 브로트Max Brod, 후고 베르크만Hugo Bergmann을 만났다.

- 1911년, 새로운 동작예술인 "오이리트미Eurythmie"를 창안하여 발전시켜 나갔다.

1912 - 1918
인지학협회 창립. 건축가, 예술가, 강연자

- 1912/13년, 신지학협회와 결별하고 인지학협회를 창립했다. 국내외에 인지학협회 지부들을 설립했다.

- 국내외 많은 도시에서 강연했다. 주제는 재탄생과 카르마, 성서, 죽음과 새로운 탄생 사이의 삶, 신비의 역사, 감각론, 진화의 역사 등이었다.
- 1913/19년, 루돌프 슈타이너의 지휘와 여러 나라의 수많은 예술가들의 협력으로, 연극, 오이리트미, 강연 등을 위해 루돌프 슈타이너가 설계한 괴테아눔Goetheanum 이 스위스 도르나흐Dornach에 세워졌다. 제1차 괴테아눔은 서로 이어지는 두 개의 돔 지붕에 유기적 조소예술로 장식된 내부 기둥을 가진 목조건축물이었다. 이 건물을 위한 루돌프 슈타이너의 예술 작품으로는 조형적인 내외장(설계), 천정화(초안 스케치, 부분적인 제작 참여), 스테인드글라스(문양 초안), 높이 9미터의 목조 조각품 "인류의 대표상"(초안 구상, 부분적인 예술작업 참여) 등이 있다.
- 1914년, 마리 폰 지버스와 결혼했다.
- 루돌프 슈타이너의 설계에 따라 도르나흐 언덕에 지어진 괴테아눔 건축물뿐 아니라 그 주변에는 특징적인 건축물들이 주거와 업무용으로(글라스하우스, 난방공급실, 둘데크Duldeck하우스, 변전실, 판 블로메스타인van Blommestein하우스) 들어섰다. 1920년대 초반에는 프레데Vreede하우스(아를레스하임), 세 채의 오이리트미관, 야거Jaager 저택(아틀리에와 주거용), 오이리트메움Eurythmeum(기존의 주택을 증축함), 출판사, 베크만Wegman관(아를레스하임), 슈어만Schuurman저택(음악연습실 겸용)건물 등이 들어섰다. 독일 슈투트가르트에 오이리트미학교 건물이 세워졌지만 제2차 세계대전 중에 파괴되었다.
- 예술, 건축, 시사, 정신과학 등을 주제로 국내외에서 여러 차례 강연회를 가졌다.
- 1917년, 인간유기체의 3구성론(신경·감각체계, 리듬체계, 신진대사·사지체계), 인간학과 인지학의 관계 해설 등에 관한 루돌프 슈타이너의 연구 결과를 정리한 ≪영혼의 수수께끼≫(Von Seelenrätseln)를 출간했다.

1917 - 1923
사회개혁가, 학교 설립자, 언론인

- 중부유럽의 상황에 관해 정치인 오토 그라프 레르헨펠트Otto Graf Lerchenfeld와 대화를 나눈 뒤, 루돌프 슈타이너는 공공생활의 사회적 개혁 전망을 담은 두 편의 메모랜덤을 작성했다. 1917년, 이 글은 독일(퀼만Kühlmann, 막스 폰 바덴Max von Baden 왕자)과 오스트리아(카를Karl 황제)의 다수의 영향력 있는 정치인들에게 전달되었다.
- "사회 문제"를 주제로 취리히에서 가진 연속강연의 기록은 개정작업을 거쳐 1919년 4월 ≪현재와 미래의 삶에 필연적인 사회 문제의 핵심≫(Die Kernpunkte der sozialen Frage in den Lebensnotwendigkeiten der Gegenwart und Zukunft)이라는 제목으로 출간되었다. 이 저작의 주된 사고는 "사회유기체의 3구성론"으로, 이는

국가의 해체를 통해 자유로운 정신생활로 옮겨가는 것, 민주적 법생활, 연대적 경제생활의 실현을 의미하는 것이었다.

- 슈투트가르트와 그 주변 지역에서 노동자단체 대표들 및 기업가들을 상대로 한 강연과 다수의 간담회에서 루돌프 슈타이너는 기업마다 노사운영위원회를 설치해야 한다고 역설했다.
- 집중적인 준비 작업을 거쳐 1919년 가을에 슈투트가르트에 초등학교와 상급학교의 통합과정을 갖춘 자유발도르프학교를 설립했다. 발도르프 아스토리아Waldorf-Astoria 담배공장의 사장이자 헤르만 헤세의 동창생인 에밀 몰트Emil Molt가 후원자 역할을 했다. 루돌프 슈타이너는 개교했을 때부터 1925년 세상을 떠날 때까지 학교를 이끌었다. 교육학 세미나에서는 교사를 양성했다.
- 1919년 2월 24일에는 마리 슈타이너의 지도로 취리히의 파우엔테아터Pfauentheater에서 오이리트미 예술을 처음으로 무대에 올렸다.

1920 - 1925
강연자, 예술가, 동기부여자

- 독일 국내외에서 많은 강연을 하고, 인지학협회 회원들을 위한 연속강연회를 가졌다. 주제는 "소우주와 대우주의 상응 관계", 우주의 지혜를 다루는 학문으로서의 인지학", "우주적 맥락 안에 존재하는 인간", "창조, 형성, 형상화를 이루는 우주 소리의 조화로 존재하는 인간", "카르마의 연관관계에 대한 비의적 견해" 등이었다. 이와 동시에 여러 전문분야의 주제에 관해 강연해 줄 것을 요청받는 경우가 점점 더 늘었다. 교육학, 의학, 신학, 경제학, 농업(생명역동 농법의 창안), 물리학, 연극예술, 치유교육 등이 강연의 주제였다.
- 화가 양성의 기초를 제공하기 위해 일련의 파스텔화와 수채화("자연의 정취", "프리트바르트Friedwart의 분위기" 등)를 그렸다. 책 표지, 포스터, 행사 프로그램, 레터헤드, 약품 및 화장품 포장 등을 위해 직접 그래픽을 디자인했다.
- 독일 국내외에서 수많은 오이리트미 공연이 이루어졌는데, 루돌프 슈타이너는 이 새로운 동작예술의 기초를 안내하는 개막 강연을 하는 경우가 잦았다.
- 1922년 가을에 루돌프 슈타이너가 참여한 가운데 "종교혁신운동"(그리스도인 공동체)이 조직되었다.
- 인지학 연구소, 병원, 학교들이 연이어 설립되었다. 오늘날 세계 최초의 유기농 화장품과 천연약제품 기업으로 활약하는 벨레다Weleda 주식회사가 세워졌다.
- 잡지 〈사회유기체의 3구성론〉(Dreigliederung des sozialen Organismus)과 인지학협회 전문 주간지 〈다스 괴테아눔Das Goetheanum〉에 정기적으로 글을 실었다.
- 1922년 마지막 날, 첫 번째 괴테아눔이 화재로 소실되었다. 그럼에도 불구하고 예

술 행사와 강연 등의 업무는 폐허 바로 곁의 목공소에서 이전처럼 진행되었다. 1924년 가을 병석에 눕는 바람에, 루돌프 슈타이너는 콘크리트 건물로 설계된 제 2차 괴테아눔(1928년 완공)의 외형 모델만 완성하는 데 그쳤다.

- 국내외에서 인지학 운동이 확산됨에 따라, 1923년 도르나흐에서는 인지학협회의 재창립이 이루어졌고, 루돌프 슈타이너가 회장을 맡았다. 정신과학을 위한 자유 대학의 정비도 그의 지휘 아래 이루어졌다. 정신수련을 위한 심화과정은 세 단계로 구성되었다. 자유대학의 전문 분야는 의학, 순수문학, 조형예술과 언어조형, 음악예술, 청년정신훈련, 수학·천문학, 자연과학, 사회과학, 농업, 교육학, 인지학 분과로 나뉘었다.

- 1924년 가을, 루돌프 슈타이너는 병석에 누웠다. 엄청나게 늘어난 강연과 교육과정 활동은 이로 인해 급작스럽게 중단되었다.

- 병석에서도 자서전 ≪내 인생의 발자취≫(Mein Lebensgang)의 집필은 계속되었다. 그리고 여의사인 이타 베크만^{ta Wegman}과 함께 ≪치유예술의 확장을 위한 토대≫라는 책을 썼는데, 이 책은 그의 사후에 출판되었다.

- 1925년 3월 30일, 루돌프 슈타이너는 스위스 바젤 인근의 도르나흐에서 숨을 거두었다. 그의 묘는 괴테아눔 부지에 있으며, 그 옆에는 크리스티안 모르겐슈테른의 유골함이 묻혀 있다.

루돌프 슈타이너
전집 목록

전집 총 354권은 1956년부터 스위스 도르나흐 소재 〈루돌프 슈타이너 유고관리국〉에서 간행되고 있다. 제목 뒤의 출간 연도는 "1883/1897"처럼 연도 표시가 두 번인 경우 초판과 개정판을, "1889-1901"처럼 표시된 것은 저작물의 완성 기간 또는 원고의 연재 기간을 표시한 것이다. 그리고 맨 뒤 괄호 안의 이탤릭체 숫자는 전집번호(GA로 통용)이다.

A. 저작물

1. 저서

Goethes Naturwissenschaftliche Schriften, 5 Bände, 1883/1897 (1a-e); 1925 *(1)*
괴테의 자연과학서, 총 5권 (루돌프 슈타이너의 서문과 해설)

Grundlinien einer Erkenntnistheorie der Goetheschen Weltanschauung, 1886 *(2)*
괴테 세계관의 인식론적 기초(한국인지학출판사)

Wahrheit und Wissenschaft. Vorspiel einer <Philosophie der Freiheit>, 1892 *(3)*
진리와 과학. 〈자유의 철학〉의 서막

Die Philosophie der Freiheit. Grundzüge einer modernen Weltanschauung, 1894 *(4)*
자유의 철학. 현대 세계관의 개요

Friedrich Nietzsche, ein Kämpfer gegen seine Zeit, 1895 *(5)*
시대에 맞선 투사 니체

Goethes Weltanschauung, 1897 *(6)*
괴테의 세계관

Die Mystik im Aufgange des neuzeitlichen Geisteslebens und ihr Verhältnis zur modernen Weltanschauung, 1901 *(7)*
근대 정신생활 출현기의 신비주의, 그리고 현대 세계관의 관계

Das Christentum als mystische Tatsache und die Mysterien des Altertums, 1902 *(8)*
신비적 사실로서의 그리스도교와 고대의 신비들(≪신비적 사실로서의 그리스도교≫, 한국인지학출판사)

Theosophie. Einführung in übersinnliche Welterkenntnis und Menschenbestimmung, 1904 *(9)*

신지학. 초감각적 세계 인식과 인간 규정 입문

Wie erlangt man Erkenntnisse der höheren Welten? 1904/1905 (10)
어떻게 초감각적 세계의 인식에 도달할 것인가?

Aus der Akasha-Chronik, 1904-1908 (11)
아카샤 연대기로부터 (《인간과 지구의 발달. 아카샤 기록의 해석》, 한국인지학출판사)

Die Stufen der höheren Erkenntnis, 1905-1908 (12)
고차적 인식의 단계들

Die Geheimwissenschaft im Umriß, 1910 (13)
비밀학 개요

Vier Mysteriendramen, 1910-1913 (14)
신비극 4편

Die geistige Führung des Menschen und der Menschheit, 1911 (15)
인류와 인간을 위한 정신적 안내

Anthroposophischer Seelenkalender, 1912 (in 40)
인지학적 영혼달력 (《영혼달력. 루돌프 슈타이너의 명상시 52편》, 한국인지학출판사)

Ein Weg zur Selbsterkenntnis des Menschen, 1912 (16)
인간의 자기 인식을 얻는 과정

Die Schwelle der geistigen Welt, 1913 (17)
정신세계의 문턱

Die Rätsel der Philosophie in ihrer Geschichte als Umriß dargestellt, 1914 (18)
철학의 수수께끼. 철학사 개요

Vom Menschenrätsel, 1916 (20)
인간이라는 수수께끼

Von Seelenrätseln, 1917 (21)
영혼의 수수께끼

Goethes Geistesart in ihrer Offenbarung durch seinen Faust und durch das Märchen von der Schlange und der Lilie, 1918 (22)
〈파우스트〉와 〈뱀과 백합의 동화〉에 나타난 괴테의 정신적 특성

Die Kernpunkte der sozialen Frage in den Lebensnotwendigkeiten der Gegenwart und Zukunft, 1919 (23)
현재와 미래의 삶에 필연적인 사회 문제의 핵심

Aufsätze über die Dreigliederung des sozialen Organismus und zur Zeitlage, 1915-1921 (24)
사회 유기체의 3구성과 1915~1921년 시대상에 대한 소고들

Philosophie, Kosmologie und Religion, 1922 (25)
철학·우주론·종교(《인지학에서 바라본 세 영역: 철학·우주론·종교》, 한국인지학출판사)

Anthroposophische Leitsätze, 1924/1925 (26)
인지학의 주요 원칙들

Grundlegendes für eine Erweiterung der Heilkunst nach geisteswissenschaftlichen Erkenntnissen, 1925. Von Dr. R. Steiner und Dr. I. Wegman (27)

정신과학적 인식에 의한 치유예술 확장의 토대
Mein Lebensgang, 1923/25 *(28)*
내 인생의 발자취 (≪루돌프 슈타이너 자서전. 내 인생의 발자취≫, 한국인지학출판사)

2. 논문 모음

Aufsätze zur Dramaturgie 1889-1901 *(29)*
희곡론

Methodische Grundlagen der Anthroposohpie 1884-1901 *(30)*
인지학의 방법론적 토대

Aufsätze zur Kultur- und Zeitgeschichte 1887-1901 *(31)*
문화사와 시대사에 대한 소고들

Aufsätze zur Literatur 1886-1902 *(32)*
문학론

Biographien und biographische Skizzen 1894-1905 *(33)*
전기와 생애에 대한 스케치

Aufsätze aus «Lucifer-Gnosis» 1903-1908 *(34)*
잡지 〈루시퍼·그노시스〉에 실린 소고들

Philosophie und Anthroposophie 1904-1918 *(35)*
철학과 인지학

Aufsätze aus <Das Goetheanum> 1921-1925 *(36)*
인지학 전문 주간지 〈괴테아눔〉에 실린 소고들

3. 유고 간행물
Briefe 서간문 / *Wahrspruchworte* 잠언집 / *Bühnenbearbeitungen* 무대작업들 / *Entwürfe zu den Vier Mysteriendramen* 1910~1913 신비극 4편의 스케치 / *Anthroposophie. Ein Fragment* 인지학. 미완 원고 / *Gesammelte Skizzen und Fragmente* 스케치와 미완 원고 모음 / *Aus Notizbüchern und -blättern* 수첩과 메모장 모음 *(38-47)*

B. 강연문

1. 공개강연

Die Berliner öffentlichen Vortragsreihen, 1903/04 bis 1917/18 *(51-67)*
베를린 기획강연

Öffentliche Vorträge, Vortragsreihen und Hochschulkurse an anderen Orten Europas 1906-1924 *(68-84)*
공개강연, 기획강연, 그리고 유럽 각지 대학에서 가진 강좌 내용 모음

2. 인지학협회 회원을 위한 강연
Vorträge und Vortragszyklen allgemein-anthroposophischen Inhalts 일반 인지학 내용의 강

연과 연속강연회 / *Christologie und Evangelien-Betrachtungen* 그리스도론과 복음서 고찰 / *Geisteswissenschaftliche Menschenkunde* 정신과학적 인간학 / *Kosmische und menschliche Geschichte* 우주와 인간의 역사 / *Die geistigen Hintergründe der sozialen Frage* 사회 문제의 정 신세계적 배경 / *Der Mensch in seinem Zusammenhang mit dem Kosmos* 우주적 맥락 안에 존재 하는 인간 / Karma-Betrachtungen 카르마 연구 (91-244)

Vorträge und Schriften zur Geschichte der anthroposophischen Bewegung und der Anthropo-sophischen Gesellschaft (251-265)
인지학 운동과 인지학협회의 역사에 대한 강연문과 원고들

3. 영역별 강연과 강좌
Vorträge über Kunst: Allgemein-Künstlerisches 일반 예술에 관한 강연 – Eurythmie 새로운 동작 예술로서 오이리트미 – Sprachgestaltung und Dramatische Kunst 언어조형과 연극예술 – Musik 음악 – Bildende Künste 조형예술 – Kunstgeschichte 예술사 (271-292) – Vorträge über Erziehung 발도르프 교육학 (293-311) – Vorträge über Medizin 의학 관련 강연회 (312-319) – Vorträge über Naturwissenschaft 자연과학에 관한 강연회 (302-327) – Vorträge über das soziale Leben und die Dreigliederung des sozialen Organismus 사회적 양상과 사회 유기체의 3구성론에 관한 강연회 (328-341) – Vorträge für die Arbeiter am Goetheanumbau 1차 괴테아눔 건축 당시 노동 자를 위한 강연회 (347-354)

C. 예술 작품
Originalgetreue Wiedergaben von malerischen und graphischen Entwürfen und Skizzen Rudolf Steiners in Kunstmappen oder als Einzelblätter: Entwürfe für die Malerei des Ersten Goetheanum 루돌프 슈타이너가 직접 그린 작품철과 스케치: 회화, 그래픽, 1차 괴테아눔 천정벽화 스케치의 복사본 / Schulungsskizzen für Maler 화가를 위한 수련 스케치 / Programmbilder für Eurythmie-Aufführungen 오이리트미 공연 프로그램을 위한 그림들 / Eurythmieformen 오이리트미 안무 / Skizzen zu den Eurythmiefiguren, u.a. 오이리트미 동작 모형물 등의 스케치

루돌프 슈타이너 전집의
한국어판 출간을 시작하며

루돌프 슈타이너는 20세기 초 과학의 실증주의와 신지학 운동의 영성주의라는 두 극단 사이에서 인류 문명의 문제점들을 심층적으로 바라보았습니다. 이러한 양극의 모순을 극복하고자 슈타이너는 미래지향적인 인지학人智學을 창설하였습니다. 인지학은 과학에서 삭막한 물질주의를 배제하면서 수용한 철학적 논리와 신지학에서 극단적 신비주의를 극복하는 가운데 걸러 낸 정신적 통찰을 결합한 것으로, 진정한 인간 본질의 인식을 체계적이고 학문적으로 실현한 슈타이너의 "정신과학적" 탐구의 결과물입니다. 그의 인지학은 인간 본성을 중시하는 발도르프 교육학, 시대를 앞선 생명역동농법, 인지학적 의학, 유기건축양식, 새로운 동작예술인 오이리트미 등을 낳았고, 이는 20세기 이래 개인의 삶과 사회에 지대한 영향을 끼쳤습니다.

한국인지학출판사는 354권에 이르는 루돌프 슈타이너 전집의 한국어판 출간이라는 힘겨운 대장정을 시작했습니다. 이로써 인지학적 교육을 실천하는 교육자와 학부모, 그리고 슈타이너의 정신과학에 대한 올바른 이해와 평가를 위해 제대로 된 그의 '육성'을 듣고자 하는 여러분의 의지에 호응하려 합니다. 우리는 루돌프 슈타이너 전집의 한국어 출간 사업이 인지학 연구, 그리고 유네스코에서 세계적인 창의·인성 교육법으로 인정한 발도르프 교육학의 올바른 수용을 위한 진정한 이정표가 되리라 확신합니다.

한 권 한 권 100년의 세월과 슈타이너 특유의 난해한 언어 장벽을 넘어야 하는 이 지난한 사업에 독자 제위의 깊은 관심과 애정 어린 충고가 이어지기를 열망합니다.

인지학 영혼달력
루돌프 슈타이너 명상시 52편

루돌프 슈타이너 지음 / 8,000원
발행 한국인지학출판사

발도르프 교육과 인지학의 창시자인 저자가 봄에 접어드
는 4월 첫째 주를 시작으로 1년 52주, 52개의 잠언을 모아
엮은 책입니다. 계절의 흐름에 따른 우주 순환과 자기 내면
의 변화, 그리고 그 사이의 의미 가득한 연결을 생생한 이
미지로 그려냈습니다.

발도르프 교육예술

루돌프 슈타이너 지음 / 17,000원
발행 한국인지학출판사

이 책은 런던에서 발도르프학교
를 모델로 하는 초등학교 설립이
결정되었을 때 그곳 초대 교사진을 위해 이루어진 강연
을 기록한 것입니다. 슈타이너 박사가 생전에 제공한 마
지막 교육학 강좌로 주목 받는 이 자료를 통해 우리는 인
간 본성을 중시한 발도르프 교육예술의 정수와 여러 교
과목의 혁신적 교수방법론을 쉽게 이해할 수 있습니다.

인간과 지구의 발달
아카샤 기록의 해석

루돌프 슈타이너 지음 /
장석길, 루돌프 슈타이너 전집발간위원
회 옮김 / 25,000원
발행 한국인지학출판사

우주와 인류가 걸어온 역사의 본질은 무엇일까? "아카
샤"(우주 만물)에 새겨진 생성과 발달의 흔적은 우리에게
어떤 이야기를 들려주는가? 인간과 지구의 발달을 설명
하는 루돌프 슈타이너의 인지학 논집 <아카샤 기록으로
부터>의 한국어 초역본.

루돌프 슈타이너
자서전
내 인생의 발자취

루돌프 슈타이너 지음 /
장석길, 루돌프 슈타이너 전집발간위
원회 옮김 / 35,000원
발행 한국인지학출판사

발도르프 교육학의 창시자, 인지학 설계자가 육성으로
들려주는 깨우침의 기록이자 고백록.

철학·우주론·종교
인지학에서 바라본 세 영역

루돌프 슈타이너 지음 /
루돌프 슈타이너 전집발간위원회 옮
김 / 13,000원
발행 한국인지학출판사

유아 그림의
수수께끼
성장의 발자국 읽기

미하엘라 슈트라우스 지음 /
여상훈 옮김 / 24,000원

발도르프 교육의 고전, 영유아기 그림 언어에 담긴 수수
께끼를 풀어주는 열쇠.

한국인지학출판사
KOREA ANTHROPOSOPHY PUBLISHING

www.steinercenter.org | waldorfnews.co.kr
서울시 마포구 독막로 230 (신수동) 우리빌딩 2층 02-832-0523

발도르프 아동교육 발달 단계의 특성에 기초한 교육

루돌프 슈타이너 지음 / 12,000원 / 발행 씽크스마트

발도르프 교육론은 자유로운 생각, 자발적인 표현과 사고 안에서 주체적인 사람으로 거듭나게 하는
교육 철학이다. 이 책은 참의 인성 교육에 관심을 가진 사람들에게 훌륭한 교육 지침서가 될 것이다.
-박수찬(서울시 남부교육지원청 교육지원국장)

발도르프 육아예술 조바심 · 서두름을 치유하는 거꾸로 육아

이정희 지음 / 14,000원 / 발행 씽크스마트

43가지 발도르프 육아 이야기
인지 위주의 학습을 멀리하며 자유로운 놀이로 아이 고유의 본성을 이끌어 내는 한편, 건강한 신체
발달을 이루고 자신의 의지를 조절할 수 있게 해주는 교육이다.

신 인간 과학 우주 생명 정신을 주제로 한 석학들의 대화

한스 페터 뒤르, 클라우스 미하엘 마이어 아비히, 한스 디터 무췰러, 볼프하르트 판넨베르크, 프란츠 M. 부케티츠 지음 /
여상훈 옮김 / 14,000원 / 발행 씽크스마트

신은 계속 '존재'할 것인가
인간은 어떻게 '진화'하는가
과학은 모든 것에 '답'할 수 있는가

아들아 콘돔 쓰렴 아빠의 성과 페미니즘

이은용 지음 / 13,000원 / 발행 씽크스마트

아빠가 아들에게 전하는 솔직한 성과 페미니즘 이야기. 사람과 사람 사이에 감정은 어떻게 전달하고,
몸은 어떻게 접촉해야 하는지 자연스럽게 알려주며 바람직한 가치관으로 성을 생각하도록 돕는다.

발도르프 성교육 아동 발달을 토대로 한 성교육 지침

마티아스 바이스, 엘케 뢰케, 미하엘라 글뢰클러, 볼프강 괴벨, 만프레드 반 도른 지음 / 이정희·여상훈 옮김 / 12,000원

발도르프 교육학자, 소아청소년과 의사, 심리상담 치료사가 교육적 관점으로 가정과 교육 현장에서
아이들이 겪는 성의 발달에 어떻게 동행하고 성교육을 언제 시작해야 할지 성교육의 기본 방향을 안
내합니다.

www.facebook.com/thinksmart2009
서울 마포구 토정로 222(신수동) 한국출판콘텐츠센터 401호 02-323-5609